누가 내 방 좀 치워 줘!

누가 내 방 좀 치워 줘!

초판 1쇄 발행 2013년 4월 25일
초판 2쇄 발행 2015년 1월 10일

지은이 장보람
펴낸이 이지은
펴낸곳 팜파스
책임편집 박선희
디자인 최설란
마케팅 정우룡
인쇄 (주)미광원색사

출판등록 2002년 12월 30일 제10-2536호
주소 서울 마포구 서교동 404-26 팜파스빌딩 2층
대표전화 02-335-3681 **팩스** 02-335-3743
홈페이지 www.pampasbook.com | blog.naver.com/pampasbook
이메일 pampas@pampasbook.com

값 10,000원
ISBN 978-89-98537-07-4 73810

ⓒ 장보람, 2013

- 이 책의 일부 내용을 인용하거나 발췌하려면 반드시 저작권자의 동의를 얻어야 합니다.
- 잘못된 책은 구입하신 서점에서 교환해 드립니다.

어린이 친구들에게

"장보람, 너 이거 안 치울 거니?"

한참을 어질러 놓고 나간 다음, 집에 들어오니 화가 잔뜩 난 엄마의 얼굴이 보여요. 윽, 엄마한테 또 한바탕 잔소리를 들을 것 같아요. 근데 정말 이상한 건 말이에요. 나름 정리를 해도 늘 지저분하다는 거예요. 정리정돈을 어떻게 해야 할까요?

아침에 양말을 찾으러 서랍을 열면 옷가지들이 잔뜩 섞여 있어서 양말을 찾을 수가 없어요. 그것만이 아니에요. 학교에서 선생님이 내 주신 숙제나, 준비물을 잊어버리기 일쑤에요. 항상 학교에 와서야 숙제와 준비물이 있었다는 걸 알고 꾸지람을 듣지요. 늘 붕 뜬 기분이고, 학년이 올라갈수록 성적도 점점 떨어졌어요.

저도 정리정돈을 잘해서 엄마한테 칭찬받고 싶고, 공책도 깔끔하게 쓰고 싶은데 왜 잘 안 될까요? 정리를 잘하는 친구들은 모두 정리가 어렵지 않다고 하는데, 전 어려워요. 어떻게 해야 제가 정리정돈 박사가 될 수 있을까요?

자, 이 고민의 주인공 '장보람'은 바로 제 이름이에요. 저도 어렸을 적에 정리정돈을 못해서 별명이 '난장판 짱'이었답니다. 제 친한 친구들은 정리정돈을 잘해서 저는 늘 친구들과 비교되기 일쑤였지요. 정리정돈 덕분에 친구들은 공부도, 노는 것도 모두 즐겁게 했는데, 저는 실수연발이었어요. 그래서 궁금해졌어요. 정리정돈을 잘하는 방법이 무엇일까 하고 말이에요. 저는 친구들의 정리정돈 방법을 배우기 시작했어요. 항상 어지르기만 했던 습관 탓에 처음에는 어색했답니다.

그래서 간단한 정리 습관을 들이는 것부터 시작했어요. '이런 걸로 정리가 되겠어?' 하는 마음도 있었지요. 그런데 놀랍게도 며칠, 또 며칠이 지나고 나니 준비물을 잊어버리지 않고 챙겨가게 되었어요. 그뿐만이 아니에요. 정리를 잘하게 되니 할 일을 빼먹지 않고, 공책과 교과서의 내용도 잘 정리하게 되어 성적까지 올랐지요.

그 뒤로 저는 계속 정리하는 습관을 가지고 있어요. 정리정돈이 얼마나 간단하고 또 재미있는지 어린이 여러분도 꼭 알았으면 하는 마음에 동화를 쓰게 되었어요. 이 동화를 보면 누구도 알려 주지 않은 정리정돈의 방법들에 관하여 알 수 있답니다. 책에 나오는 방법들을 잘 활용하면 여러분도 곧 정리정돈의 달인이 될 거예요.

정리정돈, 어렵지 않아요! 자, 그럼 시작해 볼까요?

장보람

차 례

힝! 어디 갔지? 방학 숙제!! 10

세상에 말도 안 돼! 꼼꼼이 형재랑 짝꿍이라구?! 24

덜렁 공주 우민혜, 미화부장이 되다?! 34

다 내 꺼야! 버리는 건 절대 안 돼!! 44

세아의 두 얼굴 54

덜렁이 민혜 VS 깍쟁이 세아 66

정리정돈 대작전이 시작되다!! 76

물건에도 성격이 있다구? - 책상 서랍 정리하기!! 84

무적의 정리 수첩을 써 보자! 94

방 정리에 숨은 규칙 찾기!! 106

정리정돈 덕에 성적까지 쑥쑥!!! 118

민혜 VS 세아, 정리정돈의 결전 한 판! 130

정리 대왕 우민혜라고 불러 줘! 140

힝!! 어디 갔지?
방학 숙제!!!

"민혜야! 우민혜!"

'아, 시끄러워 죽겠네!'

민혜는 잔뜩 찡그린 얼굴로 머리끝까지 덮은 이불을 살며시 내렸다. 침대 머리맡에서 엄마가 이글거리는 눈으로 민혜를 바라보고 있었다!

"아, 엄마. 아직 7시밖에 안 되었……."

민혜는 인상을 쓴 채 침대 옆 시계를 바라보았다.

응? 이게 몇, 몇 시지?

"으아아아악! 엄마! 나 왜 안 깨웠어!"

이런! 개학 첫날부터 지각이라니! 민혜는 너무 놀라 정신이 발

끝으로 빠져나가는 것 같았다.

"안 깨우기는! 엄마가 아까부터 계속 깨웠거든?"

얄밉게 말하는 엄마를 보니 민혜는 불쑥 화가 났지만, 화낼 정신이 없었다. 어제 새벽까지 TV 프로그램 '마력도전'을 보느라 방학 숙제며 교과서까지 아무것도 챙겨 놓지 않았다. 민혜는 세수도 하지 않고 방에 가득 찬 물건들을 들쑤시며 엄마를 불렀다.

"엄마! 새 학기 교과서는 어디에 있어? 엄마! 내 필통은? 방학 숙제들은? 엄마! 재활용 편지봉투들은?"

"뭐? 그런 물건들이 여기에 있었어? 엄마는 네가 있는 것도 안 보이더라."

엄마는 고개를 절레절레 흔들며 그대로 방을 나갔다. 민혜는 한 손에 이불을, 다른 한 손에는 구겨진 옷을 들고 외쳤다.

"아이참, 엄마!! 도와 달라고! 못 찾겠어!"

과연 민혜에게 무슨 일이 일어난 것일까?

지금으로부터 7일 전>>>

단짝 친구 민혜와 효민이는 아파트 앞 공원에 앉아 이야기를 나누고 있었다.

"벌써 방학이 끝나다니, 말도 안 돼."

"맞아. 다음 주가 개학인 게 믿기지 않아."

"근데 민혜야. 재활용 편지 봉투는 모았어? 난 겨우 15개 모았는데 정말 어렵더라."

"응? 편지 봉투라고? 그게 무슨 말이야?"

효민이는 민혜의 말에 놀란 토끼 눈이 되었다.

"방학 통신문에 쓰여 있었잖아. 재활용할 수 있도록 집에 있는 우편물 봉투를 모아 오라고. 적어도 10개는 넘게 모아야 한다고 했는데."

"통신문? 그런 게 있었어?"

민혜의 질문에 효민이는 이제야 알겠다는 표정으로 말했다.

"그럼 그렇지. 안 봐도 뻔하다. 분명 네 방 어딘가에 통신문이 있을 거야. 네가 청소하지 않았다면 통신문을 버리지는 않았을 테니까."

"아! 맞아! 히히. 방학하고 나서 한 번도 청소하지 않았으니까. 어딘가에 꼭 있을 거야!"

민혜는 금세 마음이 놓였는지 밝게 웃었다. 효민이는 그런 민혜를 걱정스럽게 바라보았다.

"너희 엄마도 참 대단하신 것 같아. 어떻게 방 청소를 한 번도 해 주지 않으셔?"

"아, 그건 내가 절대! 절대! 청소하지 말라고 했거든. 엄마가 청소하고 나면 항상 무언가 없어져. 방에는 다 나만의 규칙이 있는데 말이야."

민혜의 말에 효민이는 얼굴을 찌푸리며 대꾸했다.

"으휴! 규칙은 잘 모르겠고, 거기에 뭔가 생명체가 살고 있을 거 같지 않니?"

"생명체가 사는 것 같다고? 당연하지! 이 우민혜 님이 사시니 말이야. 푸하하."

"뭐라고? 야, 그 말이 아니잖아. 내가 너의 가장 친한 친구이긴 하지만, 네 방은 정말 못 들어가겠어. 정리 좀 해!"

효민이가 타박하자 민혜는 머리를 긁적였다. 하지만 그것도 잠시, 민혜는 금세 헤헤 웃으며 일어났다.

"걱정 마셔! 떡볶이나 먹으러 가자!"

지금으로부터 3일 전〉〉〉

침대에 누워 신 나게 과자를 먹던 민혜는 자리에서 벌떡 일어났다.

"으악! 내일모레가 개학이네! 방학 숙제! 아, 맞다! 효민이가 통신문을 보라고 했는데?"

민혜는 며칠 전 효민의 이야기를 떠올렸다. 그렇다면 이제부터 통신문을 찾아야 했다.

"흐흐흐, 이 방 안에 내 물건들이 고스란히 있다는 사실!"

민혜는 우선 침대부터 살펴보기로 했다. 민혜는 침대 옆 공간에 손을 집어넣고 물건을 꺼냈다.

"응? 이건 지난여름에 입은 수영복인데……."

침대 바닥에서 정말이지 여러 가지 물건이 나왔다. 작년 여름에 입은 수영복과 수영모, 과자 부스러기, 읽다 만 책, 앨범, 인형, 종이 조각 등등.

"어? 종이 조각이라면 혹시 통신문? 벌써 찾은 거야?"

민혜는 두근거리는 마음으로 종이 조각을 집어 들었다. 그런데 그 종이는 통신문이 아니라 바로 작년에 민혜가 우은이에게 쓴 러브레터였다!

"아, 맞다. 우은이한테 전해 주지도 못했네. 우은이는 지금 뭐

하고 있으려나?"

민혜는 방금 통신문을 찾고 있었다는 것도 잊은 채, 우은에게 쓴 편지를 읽어 내려갔다. 감정을 한껏 담아서 한 줄 한 줄 꼼꼼히 읽었다.

"우은아. 나야, 민혜. 이렇게 편지를 쓰려니 더 반갑다."

민혜는 뭐가 그리 좋은지 편지를 읽으면서 헤벌쭉 웃었다. 우은이 생각만 해도 웃음이 나오는 민혜였다. 통신문을 찾아 방학 숙제를 해야 한다는 사실은 또 까맣게 잊은 채 말이다!

그리고 바로 오늘, 개학날>>>

이제야 7일 전, 3일 전 기억을 떠올린 민혜는 발을 동동 구르기 시작했다.

"통신문, 통신문! 엄마! 엄마!"

엄마는 방에 들어와 민혜와 함께 통신문을 찾기 시작했다. 잠시 후 책상 밑에서 구겨진 통신문이 굴러 나왔다. 통신문에는 개학날 재활용 편지 봉투를 10개 이상 가져오라는 '특명'이 적혀 있었다. 민혜는 발을 동동 굴렸다.

"엄마, 어떻게 해. 봉투, 봉투!"

"내가 이럴 줄 알았어. 지난주부터 방학 숙제를 한다고 그러더니, 오늘에서야 이걸 찾은 거야? 어쩌려고 그래!"

민혜는 엄마의 잔소리에 신경 쓸 겨를이 없었다. 바닥에 털썩 주저앉아 머리를 굴렸다. 이제 어떻게 해야 하지? 빨리 머리를 써! 우민혜! 아이디어를 떠올려 보라고!

"아, 맞다! 바로 그거야!"

민혜는 손바닥을 탁 치며 자리에서 벌떡 일어났다. 그런 다음 가방을 얼렁뚱땅 챙겨 들고 집을 나섰다.

"어머, 민혜야. 아직 밥도 안 먹……."

엄마의 말이 채 끝나기도 전에 현관문이 쾅 하니 닫혀 버렸다. 민혜가 생각해 낸 아이디어는 과연 무엇일까?

"아저씨, 아저씨. 계세요?"

1층 경비실을 두리번거리던 민혜의 눈에 '순찰 중'이라는 경비실의 표지판이 들어왔다.

"으! 이거야, 이거! 오늘은 하늘도 나를 돕는구나!"

민혜는 서둘러 반송함에 들어 있는 편지들을 챙기기 시작했다. 가방 안에 봉투가 한 통, 두 통 차곡차곡 담겼다.

"역시 난 천재라니까! 어차피 반송될 거라 필요 없는 편지니깐 괜찮겠지! 어떻게 이런 생각을 해냈지? 푸하하."

민혜는 신 나게 봉투를 담았다. 그런데 언제부터였을까? 민혜의 가방 앞으로 그림자가 점점 드리워지는 게 아닌가? 민혜는 무심코 뒤쪽을 돌아보았다. 민혜 뒤편에는 같은 반 남자아이, 형재가 서 있었다.

"으악! 깜짝이야!?"

민혜가 깜짝 놀라 소리쳤다. 그런데 형재는 놀란 기미도 없이 가느다란 눈으로 민혜를 쳐다볼 뿐이었다. 형재가 아무 반응이 없자 민혜는 무안해졌다.

'뭐야, 쟤는. 우리 아파트에 살았나? 근데 왜 아무 말도 안 해?'

민혜와 형재는 한 반이지만 평소에 친하게 지내는 편이 아니었다. 게다가 형재는 공부는 잘하지만 반에서 눈에 띄는 아이가 아니다. 민혜는 형재가 좀 서먹하게 느껴졌다. 이렇게 가까이 마주 보고 이야기할 기회도 별로 없었기 때문이다.

'형재가 원래 검정 뿔테를 썼나? 왠지 못되게 보이네.'

민혜는 이런저런 생각을 하다가 갑자기 뜨끔해졌다. 혹시 형재가 자신의 행동을 아까부터 봤다면 큰일이기 때문이다. 민혜는 속마음을 숨긴 채 형재에게 웃으며 말을 걸었다.

"아, 형재야. 안녕?"

"……."

"어, 내가 지금 뭐 하는 거냐면, 반송된 편지들을 모아 우체부 아저씨께 전해 주려고……."

바로 그때 민혜는 설명을 멈추었다.

형재가 씨익 웃었기 때문이다. 민혜는 형재가 자신의 말을 믿어 준다고 생각해서 덩달아 웃었다.

"맞아. 내가 좀 착하거든. 하핫."

근데 형재의 웃음이 뭔가 이상했다. 형재가 웃는 것이 반송된 편지 때문이 아닌 것 같았다. 민혜는 의아해졌다.

'뭐, 뭐지? 어딜 보고 웃는 거지?'

민혜는 형재가 바라보는 시선을 따라 아래를 내려다보았다.

"으악!!!!!"

맙소사! 민혜의 치마 반쪽이 허리춤에 껴 있는 것이 아닌가! 아까 집에서 뛰어나올 때 거울을 보지 않은 것이 실수였다. 아침부터 방학 숙제에 정신이 팔려 거울도 보지 못한 것이다. 민혜는 후다닥 치마를 꺼내 펼쳤다.

"너, 뭐야! 이거 보고 웃은 거야?"

"푸하하핫."

형재는 더 이상 참지 못하겠다는 듯 웃음을 터트렸다. 얼마나 크게 웃었는지 민혜는 부끄러움도 잠시, 형재에게 화가 치밀어 올랐다. 민혜는 형재에게 다가가 뿔테 안경을 빼앗아 들었다.

"이게 정말!! 야, 그만 웃어! 그만 보라고!"

"엇, 너 뭐 하는 짓이야? 이리 내놓지 못해?!"

형재는 갑자기 안경을 빼앗기자 깜짝 놀라 손을 뻗었다. 민혜는 냉큼 손을 뒤로 빼서 안경을 숨겼다. 더 당황하는 형재를 보자 민혜는 통쾌해졌다. 형재는 떨리는 목소리로 말했다.

"내놔! 내 안경이 망가지기라도 하면 알, 알아서 해. 내 안경, 얼른 내놓으라고!"

"흥, 너 같으면 주겠냐? 아침부터 놀림을 당했는데?"

민혜는 안경을 들고 화단 쪽으로 뛰어갔다. 형재는 울상이 되어 민혜의 뒤를 쫓아갔다. 형재가 민혜의 손에서 안경을 빼앗으려는 찰나, 민혜는 그만 안경을 놓치고 말았다. 그 바람에 안경은 화단 흙 위로 떨어졌다.

"으아아아아악!"

형재는 차마 그 광경을 못 보겠다는 듯 눈을 질끈 감았다. 놀라기는 민혜도 마찬가지였다. 민혜는 서둘러 안경을 주우러 화단으로 들어갔다. 하지만 그 전에 슈퍼맨보다 빠르게 화단으로 들어간 사람이 있었다. 바로 형재였다. 형재는 안경을 주워 들며

앓는 소리를 했다.

"으으. 내, 내, 내 안경!"

형재는 가방에서 손수건을 꺼내 안경을 닦았다. 민혜는 장난이 심했다는 생각에 우물쭈물하며 서 있었다.

"저. 형재야……."

쓱쓱, 싹싹. 쓱쓱, 싹싹.

"저, 저기……."

쓱쓱, 싹싹. 쓱쓱, 싹싹.

민혜의 말이 들리지 않는 것일까? 아니면 못 들은 척하는 것일까? 형재는 대답도 하지 않고 계속 안경을 닦았다. 민혜는 점점 초조해졌다. 이러다간 학교에 지각할 것이다.

"저기 너 말이야. 학교에 가는 길 아니었어? 지금 가지 않으면 우리 지각…… 윽! 진짜 지각이다!"

민혜는 시계를 보고 놀라서 미안하다는 말도 하지 않고 뛰어가기 시작했다. 그러다 뒤를 돌아 큰 목소리로 외쳤다.

"미안! 사과는 나중에 제대로 할게."

형재는 이제야 안경을 다 닦고 다시 썼다. 그리고 화가 잔뜩 난 얼굴로 저만치 뛰어가는 민혜를 바라보았다.

내 정리정돈 점수는 과연 몇 점일까요?

다음 질문에 O, X로 표시한 뒤 O의 개수를 세어 보아요.

1. 나는 한 번 쓴 물건을 다시 제자리에 놓아요. (   )
2. 학교에 갈 준비물은 전날에 미리 챙겨 놓아요. (   )
3. 전에 쓴 물건을 쉽게 찾을 수 있어요. (   )
4. 친구에게 빌려 준 물건을 잘 기억했다가 돌려받아요. (   )
5. 책이나 공책을 찾기 쉽게 정리해요. (   )
6. 오늘 해야 할 일을 꼼꼼히 체크해요. (   )
7. 친구들이랑 한 약속을 절대 잊어버리지 않아요. (   )
8. 공부 시간과 노는 시간을 정확히 구별해요. (   )
9. 엄마, 아빠, 선생님이 하신 말씀을 잘 기억하는 편이에요. (   )
10. 물건을 찾는 일이 별로 없어요. (   )
11. 공부하다 모르는 부분이 나오면 원하는 내용을 책에서 금방 찾을 수 있어요. (   )
12. 방 안이 항상 깔끔하게 정리되어 있어요. (   )
13. 평소에 꼼꼼하다는 칭찬을 많이 들어요. (   )

자, 전부 체크해 봤지요? 나의 정리정돈 점수는 몇 점인지 확인해 봅시다!

○이 1-5개라면,
내 방은 언제나 난장판!! 정리정돈이 너무 힘든 친구랍니다! 정리정돈을 어떻게 하는 줄도 모르고, 늘 물건을 찾느라 오랜 시간이 걸려요. 준비물을 자주 잊어버리고, 친구에게 빌려 준 물건도 제대로 돌려받지 못해요. 정리정돈의 기본부터 배울 필요가 있어요.

○이 6-9개라면,
왠지 어수선한 내 방! 정리정돈 공부가 필요한 친구랍니다! 정리한다고 하는데 늘 실수를 해요. 중요한 날에 필요한 물건을 빼놓고 온다든지, 분명히 어딘가 물건을 넣어 두었는데 정작 필요할 때 찾지 못하는 일이 자주 있지요. 이미 정리정돈을 하고 있지만, 잘하는 규칙과 방법을 배울 필요가 있어요.

○이 10개 이상이라면,
내 방은 언제나 반짝반짝! 정리정돈을 매우 잘하는 친구지요! 정리정돈을 하는데 나만의 방법과 규칙이 있어요. 준비물을 챙기는 것, 숙제하는 것, 친구와의 약속, 엄마, 아빠, 선생님들의 이야기도 모두 꼼꼼하게 체크하고, 잊어버리지 않는 정리정돈의 달인입니다!

세상에 말도 안 돼! 꼼꼼이 형재랑 짝꿍이라구?!

민혜는 겨우 시간에 맞춰 학교에 도착했다.

"에휴, 다행히 지각은 면했네. 정말 힘들다, 힘들어."

숨을 몰아쉬는 민혜에게 친구들이 다가와 반갑게 인사를 건넸다. 학교에서 민혜를 모르는 아이들은 거의 없었다. 민혜가 평소 물건을 잘 잃어버리고 덜렁거리긴 하지만 워낙 성격이 밝고 활달해서 친구들 사이에서 인기가 매우 많기 때문이다.

"민혜야, 방학 잘 보냈어? 정말 반갑다."

"응! 나도."

민혜와 친구들이 한창 인사를 나누던 참이었다. 뒷문이 드르륵 열리면서 누군가 들어왔다.

'응? 누구지? 이 우민혜 님도 지각하지 않았는데, 첫날부터 지각을 하다니!'

민혜는 지각한 아이를 보려고 뒤를 돌아봤다. 그런데 교실로 들어오는 아이가 어딘가 낯익었다. 얼굴을 확인한 순간 민혜는 깜짝 놀랐다. 교실로 들어오는 아이는 바로 좀 전에 아파트 앞에서 만난 형재였다. 민혜는 얼른 고개를 돌렸다. 혹시라도 형재와 눈이 마주칠까 고개도 수그렸다. 다행스럽게도 형재는 민혜를 보지 않고 교실 구석으로 가서 앉았다.

'혹시 나 때문에 지각한 거야?'

민혜는 형재 쪽을 조심스럽게 살펴보았다. 형재는 자리에 앉자마자 책가방을 바르게 걸고, 책을 꺼내 읽었다. 형재는 아침일 따위는 어느새 잊어버린 듯 보였다. 민혜는 안도의 한숨을 내쉬었다. 그러다가 형재를 보며 혀를 찼다.

'쟤는 개학날인데, 무슨 책을 저렇게 본담? 얘들이랑 인사도 하지 않고.'

"왜 그래? 형재한테 볼일이 있어?"

"아, 아니야. 아무것도."

민혜는 아무 일도 아니라는 듯 손을 내저었다.

"흠. 뭔가 있는 것 같은데."

효민이가 계속 궁금해하자 민혜는 어쩔 수 없이 아침의 일들을 이야기해 주었다. 그제야 효민이는 놀란 얼굴로 입을 열었다.

"몰랐어? 형재 별명이 왕 깔끔이야. 엄청 깔끔하다고. 특히 누가 자기 안경에 손대는 날에는!"

효민의 목소리에는 강한 힘이 들어갔다. 민혜는 덩달아 긴장하며 물어보았다.

"손대는 날에는? 뭐?"

"아주 무시무시한 대가를 치르게 한다던데? 근데 안경만 아니면 괜찮아."

효민이는 민혜의 어깨를 두드리며 웃었다. 미처 효민에게 형재의 안경을 화단에 떨어뜨렸다는 이야기를 못한 민혜는 그저 마른 침만 꿀꺽 삼킬 뿐이었다. 한편 형재는 책을 읽다가 한숨을 내쉬었다.

'윽, 시끄러워. 무슨 할 말들이 이렇게나 많담.'

형재는 반을 쭉 둘러보다가 한 여자아이에게 시선이 머물렀다. 바로 민혜였다. 사실 형재는 교실에 들어오면서 바로 민혜를 보았다. 민혜랑 이야기하면 다시 기분이 나빠질 것 같아서 애써 무시하고 있었던 것이다. 형재는 다시금 아침의 일이 떠오르는 것 같았다. 민혜 때문에 난생 처음 지각까지 했다. 형재는 인상을 쓴 채 고개를 휙 돌렸다.

 드디어 한 학기 동안 같이 앉을 짝꿍을 정하는 시간이 돌아왔다. 선생님은 노란 종이가 담긴 상자를 꺼내 놓았다.
 "자, 노란 종이에는 남학생 이름이 적혀 있어요. 여학생들이 종이를 뽑으세요. 종이에 이름이 적힌 친구와 한 학기 동안 짝이 되는 거예요."
 선생님의 이야기를 듣고는 민혜의 눈이 반짝거렸다. 그러고 보니 오늘 아침에 우은이와 인사도 못하지 않았는가! 민혜는 조심스럽게 상자에 손을 넣어서 종이를 꺼냈다.
 '제발 우은이의 이름이기를. 제발!'
 민혜는 두 손을 모아 기도하며 조심스레 노란 종이를 펼쳤다. 실눈을 떠서 종이의 마지막 글자를 보았다.
 '재.'
 '뭐야? 재로 끝나는 이름이면 우은이는 아니잖아. 근데 '재'라니? 서, 설마?'
 민혜는 종이를 마저 펼쳤다. 그 순간 민혜는 자신의 눈을 의심했다. 종이에는 '형재'라고 쓰여 있었다.
 "민혜는 형재와 짝꿍이구나."

선생님은 민혜의 종이를 흘끗 보시더니 형재의 옆자리를 가리켰다. 형재는 오늘 아침 아파트 앞에서 만났을 때처럼 가느다란 눈으로 책을 읽고 있었다. 민혜는 울상을 지었다. 정말 하늘도 무심하시지! 바로 앞, 앞자리에 우은이가 앉아 있었다. 우은이의 짝은 세아가 되었다. 세아는 공부도 1등, 얼굴도 1등, 인기도 1등이다. 우은이는 세아와 친근하게 이야기하고 있었다. 민혜는 형재의 옆자리로 터덜터덜 걸어갔다. 그러고는 자리에 앉아 즐거워 보이는 우은이를 시무룩하게 바라보았다.

"자, 숙제 검사를 시작할게요."
선생님의 말씀이 끝나자마자 아이들은 가방에서 재활용 종이 봉투들을 꺼냈다. 민혜는 그제야 정신이 퍼뜩 들었다.
'아, 맞다! 뭔가 잊어버린 것 같다 싶었어!'
그제야 민혜는 가방에 든 종이 봉투들을 살짝 꺼내 보았다. 봉투는 아침에 가방에 넣어 둔 그대로였다. 학교에 와서 봉투 내용물을 뺄 생각이었는데, 친구들과 인사하느라 또 까먹은 것이다. 민혜는 책상 아래에 손을 넣고 조심스럽게 봉투 내용물을 빼냈다. 그러다가 옆자리의 형재를 슬쩍 살폈다. 다행히 형재는 민혜 쪽에는 신경도 쓰지 않는 것 같았다. 정말 아침 일은 벌써 잊었

나 싶을 정도였다. 민혜는 안도의 한숨을 내쉬었다. 그런데 바로 그때였다! 갑자기 형재가 읽던 책을 내려놓고 왼손을 들었다.

'뭐야, 갑자기 왜 손을 들고 그러는 거?'

민혜는 형재가 든 왼손을 쳐다보았다. 그 왼손의 검지는 민혜를 똑바로 가리키고 있었다.

"선생님! 지금 여기서 봉투 내용물을 빼내고 있는데, 그래도 괜찮은가요?"

선생님은 형재가 가리키는 대로 민혜를 쳐다보았다. 민혜는 너무 창피해서 얼굴이 붉으락푸르락해졌다.

"우민혜. 그게 정말이야?"

선생님의 질문에 민혜는 고개를 푹 숙였다. 그런데 또다시 형재의 목소리가 들렸다.

"이 봉투들은 오늘 아침 푸른 아파트 201호 1층의 반송함에서 다 가져온 거예요. 그래도 괜찮은가요?"

선생님은 형재의 말에 더욱 놀란 눈으로 민혜를 쳐다보았다. 놀라기는 아이들도 마찬가지였다. 민혜는 쥐구멍에라도 숨고 싶은 심정이었다. 바로 그 순간 민혜에게 형재의 작은 목소리가 들렸다.

"너, 나한테 사과한다고 했을 텐데. 덜렁이?"

민혜는 가슴이 덜컹 내려앉는 듯했다. 형재는 아침 일을 죄다 기억하고 있었던 것이다. 민혜는 자신도 모르게 큰 목소리로 외쳤다.

"으. 이, 이, 이 안경잡이 같으니라고!!!!"

민혜의 외침에 선생님과 반 아이들은 모두 놀란 토끼 눈이 되었다.

통신문을 자주 잃어버리고, 숙제를 잘 까먹는다고?

통신문, 숙제 정리 완전정복!! - 나만의 보관법, 숙제 스케줄을 만들자!!

1. 통신문 보관방법

1) 눈에 잘 띄는 곳에 통신문 게시판을 만들자!

학교에서 받아 온 통신문은 집에 오자마자 통신문 게시판에 붙여 놓아요. 게시판은 책상의 한쪽 벽에 만들어도 좋고, 아니면 자주 오가는 거실 냉장고 문짝에 만들어 붙여도 좋아요.

이렇게 언제나 지나치며 볼 수 있는 곳에 게시판을 만들어 통신문을 붙이면, 절대 잃어버릴 일은 없겠죠? 엄마와 아빠도 게시판에 붙은 통신문을 보고, 자연스럽게 학교 소식을 알 수 있게 될 거예요.

2) 나만의 보관 상자를 만들자!

통신물만 모으는 전용 상자를 만들어 보세요. 게시판과 달리 보관 상자는 그동안의 통신문도 차곡차곡 모을 수 있다는 것이 장점입니다. 방학 통신문처럼 오랜 기간 통신문을 보관해야 하는 경우는 게시판보다 상자에 보관하는 것이 더 좋겠지요?

마음에 드는 상자를 하나 골라 예쁘게 장식해서 자신만의 보관 상자를 만들어 보세요.

집에 돌아오자마자 통신문을 상자에 넣는 습관을 들이면, 매번 통신문을 찾는 데 들이는 시간을 절약할 수 있지요.

2. 효과적인 숙제 관리 방법
1) 날짜별로 해야 할 숙제를 미리 정리하기
스케줄 표를 만들어서 월요일부터 금요일까지, 해야 하는 숙제를 미리 적어 봅시다. 주말에는 월~금요일까지의 숙제 중에 다 마치지 못한 것을 보충하는 시간으로 비워 두세요.

2) 숙제의 내용과 시간을 나누기
요일별로 숙제를 나누었으면, 숙제 내용과 시간을 매일 할 수 있는 양만큼 적어 보세요. 숙제 시간을 무리하게 잡지 않고 휴식 시간도 넣으세요.

3) 날짜별로 완성한 숙제를 따로 모아 두기
숙제를 내야 하는 요일별로 모아 두어요. 책꽂이에 꽂았을 때 제출 날짜가 보이도록 표시해 두세요. 그러면 숙제를 내야 하는 날에 숙제를 잃어버리는 일이 없답니다.

4) 숙제를 내기 전날에 미리 챙겨 두기
학교에 가기 전날에 가방 안에 숙제를 미리 넣어 두어요. 아무리 열심히 한 숙제라도 가방 안에 넣지 않으면, 다음날 제출할 수 없겠지요.

덜렁 공주 우민혜,
미화부장이 되다?!

　민혜가 7살 때의 일이다. 민혜네 가족이 요른동에 이사를 온 지 얼마 되지 않아서, 민혜는 새로운 유치원에 다니게 되었다. 한창 친해진 유치원 친구들과 헤어져서 민혜는 첫날부터 침울한 표정이었다. 새로운 유치원 선생님이 민혜에게 다가와서 다정하게 말을 걸었다.

　"민혜야, 아까 선생님이 준 스케치북은 어디에 있어요?"

　선생님의 질문에 민혜는 모른다며 고개를 저었다.

　"민혜의 크레파스는요? 아까 선생님이 나눠 준 풀하고 가위는 어디에 있지요?"

　민혜는 그제야 아까 선생님께 스케치북, 크레파스 등을 받은 기억이 떠올랐다. 그런데 언제 잃어버렸는지도 모르게, 물건들이 없어진 것이다. 선생님은 민혜에게 다시 물었다.

"전부 잃어버렸어요?"

그러자 민혜의 눈에는 눈물이 그렁그렁 맺히기 시작했다. 아이들은 저마다 스케치북에 그림을 그리고 있는데, 자신만 아무것도 없으니 왠지 억울해진 것이다. 선생님은 미소 지으며 다시 새것을 주신다고 했다. 하지만 민혜는 울음이 터질 것만 같았다. 낯선 동네에 와서 낯선 하루를 보내니 서러운 마음이 들었다. 그런데 바로 그 순간이었다.

"나랑 같이 쓰자. 이거 같이 쓰면 되잖아."

한 남자아이가 스케치북 반쪽을 민혜에게 내밀었다. 바로 우은이었다. 우은이는 자신의 크레파스를 꺼내 민혜 손에 쥐어 주었다. 우은이는 스케치북 반쪽에 못난이 얼굴을 그렸다.

"여기 못난이 얼굴이 바로 나야. 최우은. 히히. 나도 매일매일, 엄청 덜렁거려. 그래서 얼굴도 이렇게 덜렁거리게 생겼어."

못난이 얼굴 그림과는 달리 우은이의

웃음은 아주 멋졌다. 눈물을 글썽대던 민혜조차 덩달아 웃을 정도로. 그때부터일까? 민혜가 물건을 잃어버려서 찾을 때마다 우은이는 함께 찾아 주었다. 그리고 자신도 덜렁거린다며 민혜에게 기운을 북돋아 주었다. 우은이의 웃음을 보면 민혜는 정말 물건을 되찾은 것처럼 기분이 좋아졌다.

새 학기 첫날이라 선생님은 간단한 벌을 내리셨다. 민혜는 점심시간에 한숨을 푹푹 내쉬며 반성문을 썼다. 형재만 생각하면 화가 나서 반성문이 잘 써지지 않았다. 애꿎은 연필을 꾹꾹 눌러 가며 화를 삼키고 있는데, 민혜의 눈앞에 노란색 바나나맛 우유가 나타났다.

'응, 뭐지?'

민혜는 고개를 들었다. 언제 왔는지 우은이가 바나나맛 우유를 내밀고 있었다.

"너도 알지? 나도 매일매일, 엄청……."

우은이가 말을 꺼내자마자 민혜는 다음 말을 빼앗았다.

"알아. 엄청 덜렁거린다는 거?"

우은이는 고개를 끄덕이며 씨익 웃었다.

"근데 그것도 알아?"

민혜가 묻자 우은이는 의아한 얼굴로 민혜를 쳐다보았다.

"너는 한 번도 덜렁거린 적이 없다는 거? 맨날 나만 덜렁거려 혼난다는 거지! 윽!"

민혜의 의기소침한 말에 우은이는 바나나맛 우유를 민혜 손에 쥐어 줬다.

"근데 그것도 알아? 우민혜는 우리 반에서 가장 친구가 많다는 거?"

우은이의 말에 민혜는 배시시 웃음이 나왔다.

"자, 우유 마시고 천천히 해."

우은이의 응원 덕분인지, 바나나맛 우유의 달콤함 덕분인지 민혜는 순식간에 기분이 좋아졌다. 교실 밖으로 나가는 우은이의 뒷모습을 보자 퍼뜩 이 생각이 들었다.

'어제 침대 밑에서 발견한 편지를 줘야 하는데!'

이번에도 우은이에게 고백하지 못했다. 민혜는 아쉬운 표정으로 우은이가 나간 교실 문을 바라보았다.

아침의 소동 때문에 민혜는 더더욱 수업에 집중되지 않았다. 무엇보다 가방에 오늘 수업에 맞는 교과서가 하나도 없었다. 그 사실을 알고 나니 민혜는 더 빨리 집에 가고 싶어졌다. 그뿐만이 아니었다. 민혜의 옆자리에 앉은 형재가 너무 신경 쓰였다. 형재는 책상을 물휴지로 100번도 넘게 닦는가 하면, 책상이 비뚤어지면 100번도 더 움직여 각도를 맞췄다. 안경은 먼지도 안 끼었는데 계속 닦아서 썼다.

'아, 얘 왜 이래. 왜 하필 안경잡이랑 짝이 된 거지?'

우은이를 바라보면 마냥 행복했다가도 바로 옆자리 형재를 보면 앞날이 깜깜해지는 민혜였다. 하지만 옆자리가 신경 쓰이기는 형재도 마찬가지였다. 수업 시간이 계속 바뀌어도 민혜는 늘 똑같은 공책만 펼쳐 놓고 있었다. 다 마신 우유갑은 버리지 않고 책상 위에 두고 있다. 교과서는 거의 가져오지 않은데다가, 책상은 삐뚤어져 있다. 형재는 민혜의 정신없는 학교생활이 신기할 지경이었다.

'어쩌다 이런 애랑 짝이 된 거지? 정말 짜증 나서 하나도 집중이 안 돼!'

형재는 옆자리의 민혜를 흘끗거렸다. 그 순간 민혜와 형재는 눈이 마주쳤다. 가느다란 형재의 눈과 이글거리는 민혜의 눈 사이에 '지지직' 스파크가 일어났다.

드디어 마지막 수업 시간이 되었다. 선생님은 반장과 임원을

뽑겠다고 하셨다. 반 아이들은 대부분 전교 1등인 세아를 반장 후보로 생각했다. 아니나 다를까. 세아가 손을 들고 일어났다.

"선생님, 저는 여자 부반장에 지원합니다."

교실 여기저기서 웅성거리는 소리가 들렸다. 아이들은 당연히 세아가 반장이 될 거라고 생각했기 때문이다. 세아는 차분히 말을 이어갔다.

"저는 반장을 하기에 아직 부족하다고 생각합니다. 만약 부반장이 된다면, 반장을 도와 열심히 해 보겠습니다."

세아의 겸손한 말에 선생님은 빙그레 웃으며 고개를 끄덕였다. 우은이도 그런 세아를 정겹게 바라보았다. 민혜는 그 모습을 보고 괜히 질투가 났다.

"그럼, 반장으로 누구를 추천할까요?"

아이들은 우은이를 추천했다. 평소 성격도 좋고, 공부도 잘하는 우은이는 매년 반장을 해왔다. 바로 그 순간 민혜는 기가 막힌 아이디어가 떠올랐다. 은근히 귀찮고, 일이 많은 반장을 형재가 한다면 어떨까? 민혜는 복수의 미소를 머금고 손을 들었다.

"저는 이형재를 반장 후보로 추천합니다."

민혜의 말을 듣자 형재의 가느다란 실눈이 왕방울만 해졌다.

마침 우은이도 부반장을 하겠다고 해서, 아이들은 민혜의 추천에 귀를 기울였다. 마침내 투표 결과를 발표할 시간이 되었다. 민혜의 추천 덕분인지 형재는 꽤 많은 표를 받았다. 자신에게 표가 몰리자 형재는 불안한 듯 계속 안경을 닦았다. 이윽고 선생님이 마지막 표를 펼쳐 보고 낭랑한 목소리로 결과를 말했다.

"형재가 우리 반을 이끌 반장이 되었어요. 자, 모두 박수!"

발표 결과에 형재의 눈이 더없이 커졌다. 아이들도 투표 결과가 놀랍다는 듯 웅성거렸다. 이내 박수가 쏟아졌지만 형재 표정은 떨떠름했다. 민혜는 그런 형재를 보고 씨익 미소를 지었다. 오늘 하루의 설움이 다 씻겨 내려가는 것 같았다.

"남자 부반장은 최우은. 자, 박수!"

우은이도 활짝 웃었다.

"그러고 보니 부반장끼리 짝이 되었네요. 서로 도와서 한 학기 동안 잘해 보아요."

선생님의 말씀을 듣고 우은이와 세아는 서로 마주 보았다. 둘의 모습이 잘 어울려서 민혜는 심통이 났다.

"자, 그럼 마지막으로 미화부장을 정해 볼까요? 이번 학기 특별상이 걸려 있는 '교실 꾸미기 대회'를 이끌어 갈 사람이고요."

선생님의 말씀에 아이들은 술렁였다.

"미화부장은 대회 때문에 할 일이 좀 많겠지만 반장, 부반장들이 도와줄 거예요."

선생님은 형재, 우은 그리고 세아를 바라보며 말했다. 그 순간 민혜의 눈에 우은이가 들어왔다.

'만약에 미화부장이 되면, 한 학기 동안 우은이와 함께할 시간이 많아지겠네?'

민혜는 거기까지 생각이 미치자 팔을 번쩍 들었다.

"선생님, 제가 해보고 싶어요."

민혜가 지원하자 아이들은 찬성하며 박수를 쳤다. 모두에게 박수 소리를 듣자 민혜는 기분이 좋아졌다. 좀 덜렁거리면 어떠하랴! 민혜는 언제나 자신을 응원해 주는 우은이만 있다면 무엇이든 할 수 있을 것만 같았다.

내 책가방 안은 언제나 난리 통이야!

책가방 정리 완전정복!! - '책가방 싸기'가 하루 학교생활을 결정한다!
나만의 책가방 정리정돈 습관을 만들자!

1. 내 책가방 안에 항상 있어야 할 것은 무엇인지 적어 보아요.
(예 - 필통, 알림장, 숙제 수첩, 휴지 등)

책가방에 항상 챙겨야 할 것은 가방 속의 위치를 정해 두는 것이 좋아요. 항상 같은 자리에 두면, 무엇이 빠졌는지도 잘 알 수 있지요.
책가방에는 다음날에 필요한 물건들을 모두 담아야 해요. 준비물, 수업 교과서, 열심히 완성한 숙제 등등. 하나라도 빠진다면 학교생활이 즐겁지 않을 거예요.

2. 책가방은 언제나 전날 챙깁시다!
책가방을 아침에 싸면 아무리 시간이 여유롭다 하더라도 물건을 빠뜨릴 경우가 많아요. 그러니 책가방은 하루 전날에 알림장을 보며 꼼꼼히 챙겨 두어야 합니다.

3. 공부 잘하는 친구의 책가방에는 뭐가 들었을까?

형재 저는 책가방에 준비물과 숙제 등을 적는 수첩이 들어 있어요. 수첩에는 날짜별로 선생님의 말씀을 적고, 집에 가서 책가방을 챙길 때, 다 넣었는지 엑스표로 표시해요.

세아 저는 책가방에 '중요 노트'가 들어 있어요. 선생님이 수업 시간에 하신 말씀 중에 '중요'하다고 생각되는 것을 수업별로 적어요. 가끔 공부하다가 이해되지 않는 부분이 있으면 그것도 적어요. 집에 가서 중요 노트를 보며 한 번 더 복습하고, 다른 책도 찾아보면서 공부해요.

민혜 저는 책가방에, 그러니까 흠. 지우개, 연필 뭐 다 똑같죠. 히히.

여러분, 민혜처럼 책가방 안에 무엇이 들어 있는지 모르면 안 되겠지요? :-)

다 내 꺼야!
버리는 건 절대 안 돼!!

"민혜야, 미화부장 짱 멋지다."

아이들의 축하 인사를 받을 때까지는 좋았는데, 민혜는 금세 고민에 빠졌다. 미화부장 일은 도대체 어디서부터 시작해야 하는 것일까? 민혜의 마음도 모르고 우은이는 의욕에 차서 주먹을 불끈 쥐었다.

"덜렁이들의 힘을 보여 주자. 파이팅!"

"응, 그래! 파이팅!"

민혜는 얼결에 우은이의 응원에 맞장구쳤다. 바로 그 순간 효민이가 정곡을 찌르는 질문을 던졌다.

"민혜야. 미화부장을 할 수 있겠어? 당장 네 방만 봐도 엄청 더

러운데?"

민혜는 머릿속이 복잡해졌다. 하지만 모든 것이 결정된 지금 고민해서 무엇하랴! 민혜는 책가방을 매며 개구지게 웃었다.

"아, 몰라. 내일 일은 내일 생각해. 히히."

집에 돌아와 방문을 열자 민혜는 할 말을 잃었다. 방 안은 엉망진창이었다. 이걸 보니 '교실 꾸미기 대회'는 꼴찌를 따 놓은 당상인 것 같았다. 민혜의 방처럼 교실도 엉망진창으로 꾸민다면 우은이도 실망할 것이다. 그 생각이 들자 민혜는 눈앞이 캄캄해졌다.

"엄마, 엄마!"

민혜는 큰 목소리로 엄마를 불렀다. 어찌나 목소리가 큰지 주방에서 과일을 깎던 엄마는 사과를 떨어뜨렸다.

"왜? 배고파?"

엄마의 말에 민혜는 고개를 도리도리 저었다. 그런 다음 미화부장이 된 것과 정리정돈을 어떻게 할지가 고민이라며 엄마에게 털어놓았다. 엄마는 민혜의 말을 잠자코 듣다가 입을 열었다.

"음, 엄마 생각을 말하자면……."

'그래, 엄마 말대로만 하면 웬만큼 해낼 수 있을 거야.'

민혜는 기대하는 눈빛으로 엄마를 바라보았다.

"일단 네 방부터 정리해야 할 것 같아. 네 방을 너도 알겠지만 보통 상태가 아니야."

"에이, 뭐야! 난 또 엄청난 아이디어가 있는 줄 알았잖아!"

민혜는 엄마에게 신경질을 부리고 방으로 돌아왔다. 방문을 닫자마자 민혜는 문득 엄마의 말이 꽤 그럴싸하다는 생각이 들었다.

"그래. 뭐 정리가 별거야? 내 방을 잘 정리하면 교실 정리도 잘할 수 있겠지. 난 우민혜니까. 음하하하!"

주말이 되자 효민이가 민혜네 집에 왔다. 바로 민혜의 방 청소를 돕기 위해 온 것이다. 효민이는 민혜를 보자마자 한숨을 쉬며 말했다.

"야, 왜 하필 나인데?"

"너 말고 내가 누굴 불러. 우은이를 부르리? 한 번만 도와주라! 넌 내 하나밖에 없는 단짝 친구잖아!"

민혜가 너스레를 떨자 효민이는 별수 없다는 듯 웃었다.

"히히, 그럼 도와주는 거다!"

민혜와 효민이는 빗자루, 걸레, 쓰레기봉투를 들고 비장한 각오로 방 한가운데 섰다. 방 안을 쭉 둘러보니 도대체 어디서부터 청소해야 할지 알 수 없었다. 이쪽으로 치우면 저쪽은 깨끗해지지만 이쪽은 또 짐이 많아지고, 또 이쪽을 치우면 저쪽으로 물건이 와르르 몰렸다. 효민이가 쓰레기봉투를 들었다.

"아무래도 물건을 좀 버려야 할 것 같아. 짐이 너무 많아."

효민이는 필요 없는 물건을 죄다 쓰레기봉투에 넣었다. 그것을 본 민혜가 기겁을 하며 말렸다.

"야, 안 돼! 그건 내가 제일 아끼는 거야. 오, 그건 무려 5000원짜리야. 야, 그건 내가 초등학교 2학년 때……."

효민이가 봉투에 넣은 물건을 민혜는 열심히 다시 꺼냈다. 그러기를 되풀이하자 쓰레기봉투에는 고작 종이 몇 장과 몇몇 쓰레기만이 남아 있었다. 청소를 시작한 지 몇 시간이나 지났지만 민혜의 방은 별로 달라지지 않았다. 효민이가 지쳐 털썩 주저앉았다.

"야, 더 이상은 못하겠다. 너무 힘들어."

민혜는 여전히 물건들로 복잡한 방을 보고, 정리정돈이 보통 일이 아님을 새삼 깨달았다. 그 순간 민혜에게 기막힌 아이디어가 떠올랐다. 이른바 한곳으로 몰아넣기 비법을 쓰는 것이다!

"효민아. 쓰레기봉투 좀 줘 봐."

효민이는 민혜가 못 미더웠지만 일단 쓰레기봉투를 건넸다.

민혜는 콧노래까지 흥얼대며 주변 물건들을 보이는 대로 쓰레기 봉투에 넣었다. 효민이는 놀라며 물었다.

"아까는 추억이 깃들었다면서 못 버리게 하더니."

"아니, 이건 버리는 게 아니야. 일종의 추억 봉투라고나 할까?"

"뭐?"

효민이는 도통 모르겠다는 얼굴로 민혜를 보았다. 민혜는 물건이 가득 차서 터질 것 같은 쓰레기봉투를 장롱에 쑤셔 넣었다. 봉투가 어찌나 큰지 장롱 문이 쉽사리 닫히지 않았다. 민혜는 다급하게 효민이를 불렀다.

"야, 얼른 와서 여기 문 좀 닫아 봐. 빨리 빨리! 나오려고 해!"

효민이는 엉겁결에 장롱 문을 밀었다.

쾅!

장롱 문이 닫히자 거짓말처럼 민혜의 방은 깨끗해져 있었다. 민혜는 엄지손가락을 치켜세우며 외쳤다.

"짜잔! 매직!"

효민이가 걱정스러운 얼굴로 물었다.

"저 안에서 필요한 물건을 어떻게 찾으려고 그래?"

"뭐 어떻게 되겠지. 내일 일은 내일 생각해. 히히."

깨끗해진 방 안을 보니 민혜는 어느새 우쭐해졌다.

"정리정돈, 별거 아니네. 뭐."

똑똑.

"엄마야. 들어간다."

민혜 엄마는 조심스레 방문을 열었다. 방 안에는 밝은 햇빛이 방바닥에 드리워져 반짝반짝 빛나고 있었다.

"어머나! 정말 우리 민혜 방이 맞아?"

엄마의 놀란 얼굴을 보자 민혜는 더욱 의기양양해졌다. 비밀을 모두 아는 효민이만 한숨을 내쉬었다.

"엄마, 내가 정리정돈을 하지 않아서 그렇지. 일단 하면 얼마나 잘하는데! 어렵지도 않던걸?"

"아니, 어떻게 짐들을 정리한 거야? 쓰레기봉투는 하나밖에 나오지 않았던데. 정말 그 많은 물건을 다 정리한 거야? 우리 민혜가?"

"당연하지!"

민혜는 자신 있게 대답했다. 엄마의 얼굴은 더없는 기쁨으로 가득 찼다.

"그럼, 우리 민혜가 하면 또 잘하지! 정말 잘했다! 효민이랑 맛있는 거 사 먹으라고 용돈을 줘야겠는걸!"

엄마의 칭찬에 민혜는 기분이 날아갈 것 같았다. 그때였다.

우르르룽, 쾅쾅!

민혜의 장롱 문이 벌컥 열리더니 그 안에서 쓰레기봉투들이 우르르 쏟아졌다. 부피를 견디지 못하고 장롱 문이 열리고 만 것이다. 민혜와 효민, 엄마는 놀라서 입을 다물지 못했다. 이내 엄마는 그럼 그렇지 하는 얼굴로 소리쳤다.

"우민혜!"

민혜는 두 손으로 머리를 감싸 쥐었다. 으아앙! 도대체 정리정돈을 어떻게 하는 거람!

도무지 어떻게 정리해야 할지 모르겠어요!

내 방 정리 완전정복!! - 정리정돈의 대원칙!
자주 쓰는 것은 가깝게, 아닌 것은 멀게!

나만의 정리 원칙을 만들자!

마치 숨박꼭질하듯 방 곳곳에 자리한 책과 옷을 보면 어떻게 정리할까 고민이 든다구요? 깔끔하게 정리되어 보기 좋은 방을 보면 뭔가 대단한 정리 방법이 있을 것 같지요? 정리정돈은 아주 간단한 원칙만 있어도 누구나 잘할 수 있답니다. 아주 쉬운 것부터 시작하다 보면 금세 정리정돈을 마칠 수 있어요.

쉽게 해볼 수 있는 원칙에는 어떤 것이 있을까요?

쉬운 원칙 하나. 자주 쓰는 것과 안 쓰는 것을 구별하기

책상 위에 책들을 보면, 항상 책을 꽂을 자리가 부족하다는 생각이 들지요?

옷장에서는 항상 옷 찾기가 어렵고요. 그렇다면 책과 옷 가운데서 자주 찾는 것과 자주 찾지 않는 것을 구별해 보세요.

자주 보는 책은 책상에 꽂고, 자주 입는 옷은 옷장 속 가장 꺼내기 쉬운 위치에 두세요. 반대로 자주 보지 않는 책이나, 자주 입지 않는 옷은 책상이나 옷장 안에서도 좀 멀리 떨어진 곳에 넣어 두세요.

쉬운 원칙 둘. 제자리를 만들어 주기

방에 있는 모든 물건에게 제자리를 만들어 줘요.

신발을 신발장에 두고, 음식을 냉장고에 두는 것처럼 내 물건들을 항상 두는 '제자리'를 정하는 것이지요. 제자리는 자신이 기억하기 쉬운 곳으로 정하면 된답니다.

자주 즐겨 찾는 물건부터 제자리를 정해 주고, 하나씩 자리를 차근차근 정해 나가면 됩니다.

세아의 두 얼굴

"내 그럴 줄 알았어!"

엄마는 잔소리를 한바탕 퍼붓고는 방을 나갔다. 효민이도 심상치 않은 분위기에 얼른 집으로 돌아갔다. 힘이 빠진 민혜는 침대에 털썩 주저앉았다. 장롱에서 쏟아져 나온 쓰레기봉투들이 방바닥에 그대로 놓여 있었다. 민혜는 쓰레기봉투를 보니 다시 정리할 기분이 나지 않았다. 그대로 침대에 발랑 누워 버렸다.

"뭐, 누구는 태어날 때부터 정리를 잘하나! 내일 일은 내일 생각하자!"

어느덧 시간은 밤 11시가 넘어가고 있었다. 민혜의 눈꺼풀이 점점 무거워졌다. 잠이 들려는 순간 퍼뜩 생각나는 것이 있었다.

"아! 맞다!"

그것은 바로 내일 아침에 있을 숙제 검사였다.

"수학 숙제를 해야 되는데. 오늘도 숙제를 안 해서 반성문을 썼는데, 이번에는 꼭 해야 해. 근데 수학 교과서가 어디에 있더라?"

그때 한쪽에 놓인 쓰레기봉투 더미들이 보였다. 분명 수학 책은 저 쓰레기봉투 더미 안에 있을 것이 확실했다. 그런데 도대체 어느 봉투에 있단 말인가?

"으앙! 정리를 안 했으면 벌써 찾았을 텐데! 아! 몰라! 몰라!"

한밤중에 민혜의 고함 소리가 널리널리 퍼져 나갔다.

"으앙! 어떻게 해! 수학 책, 수학 책!"

아침이 되자 민혜는 한바탕 전쟁을 치러야 했다. 어젯밤에 스르륵 잠들어 버려서, 아침이 되어서야 학교 갈 준비를 하게 된 것이다. 민혜는 쓰레기봉투 여섯 개를 뒤집은 후에야 겨우 수학 교과서를 찾을 수 있었다. 아무래도 숙제는 친구들에게 빌려야 할 것 같았다.

"은희도 있고, 서후도 있고, 또 효민이도 있고. 숙제 빌릴 친구야 많네. 그럼 가 볼까?"

교실에 도착하자마자 민혜는 친구들에게 달려갔다.

"얘들아! 나, 나, 수학 숙제 좀 보여 주라!"

"우민혜. 또 까먹은 거야?"

효민이는 나무라면서도 민혜에게 수학 숙제를 꺼내 줬다. 민혜는 미안한 듯 배시시 웃으며 냉큼 자리로 돌아왔다. 책을 읽던 형재는 민혜의 모습을 보고는 미간을 찡그렸다.

'뭐야, 얘 또 숙제를 하지 않은 거야? 어제 반성문까지 쓰고도?'

형재의 눈에 민혜는 정말 이해할 수 없는 아이였다. 한 번도 아니고, 연달아 두 번씩이나 숙제를 하지 않다니. 형재에게 있을 수 없는 일이었다. 형재는 한숨을 내쉬고는 화장실을 가기 위해 자리에서 일어났다.

한편 민혜는 숙제를 빠른 속도로 베꼈다. 하지만 마지막 문제만큼은 베끼지 못했다. 효민이도 그 문제는 어려워서 풀지 못했다고 했다.

"뭐, 아무도 못 푸는 문제인데 어쩔 수 없……."

바로 그때 책상에 펼쳐진 형재의 공책이 눈에 들어왔다. 마지막 문제를 정갈한 글씨로 풀어 놓은 것을 보고는 민혜는 냉큼 주변을 돌아보았다. 형재는 어디 간 것인지 교실 안에 없었다. 민혜는 놀라운 속도로 형재의 공책을 베끼기 시작했다.

"와, 어떻게 이렇게 도형을 반듯하게 그렸지? 전부 자를 대고 그렸나?"

민혜는 형재의 반듯한 도형을 대충 따라 그렸다. 바로 그 순간 민혜의 등 뒤로 어두운 그림자가 드리워졌다. 민혜가 고개를 드니 형재가 앞에 서 있었다.

"아! 깜, 깜짝이야! 놀랐잖아!"

민혜는 형재를 보고 놀라 소리치고 말았다. 형재는 민혜를 싸늘하게 보며 말했다.

"네가 놀랄 만한 짓을 하고 있으니까 놀랐겠지."

형재의 말에 민혜는 당황했다. 하지만 이런 말에 기가 눌릴 민혜가 아니었다. 민혜는 너스레를 떨며 형재에게 말했다.

"저기, 우리 짝이 된 기념으로 숙제를 같이 보는 건 어떨까? 앞으로 잘 지내보자는 뜻에서 말이야. 히히."

"너랑? 왜? 싫은데? 덜렁이!"

"뭐? 더, 덜렁이? 야, 넌 꼼꼼해서 그렇게 매일매일 안경만 닦냐? 왜 지금도 닦으시지! 이렇게!"

민혜는 능청스럽게 형재가 안경 닦는 모습을 흉내 내었다. 형재는 발끈했지만 이내 수업종이 울렸다. 형재는 화를 참고 자리에 앉았다. 민혜도 단단히 화가 났는지 형재 쪽으로는 고개를 돌리지 않았다.

수업이 시작되고 선생님은 숙제 검사를 했다. 민혜는 겨우겨우 숙제 검사를 받을 수 있었다. 선생님은 형재의 숙제를 보고 연신 칭찬하셨다. 민혜가 보기에도 형재의 공책은 감탄이 절로 나올 정도로 잘 정리되어 있었다.

'어떻게 저만큼 정리한 거지?'

공책에 작은 연필 자국조차 없는 걸 보면, 지우개도 쓰지 않은 것 같았다. 정말 미스터리였다. 이윽고 선생님은 칠판에 숙제 풀이를 해 주셨다.

"이 마지막 문제는 형재가 나와서 풀어 볼까?"

형재는 안경을 고쳐 쓰고는 앞으로 나갔다. 그러고는 단 몇 초 만에 깔끔하게 문제를 풀었다. 민혜는 형재의 문제 풀이를 보고 입이 딱 벌어졌다. 그런데 그때 앞자리에서 누군가 손을 들었다. 바로 세아였다.

"선생님, 도형 풀이가 잘못된 것 같아요."

세아의 낭랑한 목소리가 교실에 울려 퍼졌다. 선생님은 고개를 끄덕이며 세아를 불렀다. 세아는 앞으로 나가 형재가 쓴 도형 풀이에서 틀린 부분을 고쳐 풀었다. 선생님은 칠판을 보고는 흡족한 미소를 지었다. 형재는 탐탁치 않은 표정으로 안경만 만지작대고 있었다.

"잘했어요. 형재가 틀린 부분을 세아가 잘 고쳐 주었네요."

세아는 자신감에 찬 얼굴로 형재를 지나치며 작게 말했다.

"너도 잘했어. 늘 2등이긴 하지만."

형재는 세아의 말에 대꾸도 하지 않고 굳은 표정으로 들어왔다. 민혜는 왠지 모르게 차가워진 형재의 분위기에 슬쩍 눈치를 봤다.

교실 꾸미기 대회 D-day 20!>>>

수업이 모두 끝났는데도 민혜는 집에 돌아갈 수 없었다. 미화부장이 되었기 때문에 교실 꾸미기 대회를 준비해야 했다. 하지만 민혜는 이 일이 싫지 않았다. 아니, 솔직하게 말하면 우은이와 함께할 수 있어서 더욱 기다려졌다. 민혜가 들뜬 목소리로 말했다.

"그럼 준비를 해 보실까?"

"빨리 하자! 나 바빠!"

반장인 형재가 톡 쏘며 말했다. 민혜는 그런 형재가 볼수록 밉상이었지만 애써 티를 내지 않았다. 교실 한가운데 형재, 민혜, 세아, 우은이가 모였다. 세아와 우은이는 짝이 된 이후로 많이 친해졌는지 함께 앉았다. 민혜는 불만스러운 표정으로 둘을 쳐다보았다. 세아가 민혜를 보며 이야기했다.

"민혜야, 네가 생각한 것을 알려 주면 우리가 도울게."

세아의 친절한 말과 표정에 민혜는 불만이 스르르 풀리는 것 같았다. 그러다 이내 기분이 꽁해졌다. 세아는 공부도 잘하는데, 마음씨도 착하다. 자신도 세아처럼 뭔가를 잘 해내고 싶었다. 민혜는 씩씩한 목소리로 대답했다.

"응, 그러자! 세아야. 고마워!"

"우와, 민혜야. 미화부장이 되더니 진짜 카리스마가 있어 보이는데?"

우은이는 여느 때처럼 민혜를 보며 응원해 주었다. 민혜는 우은이를 보자 정말 기운이 나는 것 같았다. 그때 산통을 깨는 목소리가 들렸다.

"빨리 계획이나 알려 줘. 나 바쁘다고!"

바로 형재였다. 민혜는 형재를 흘겨보며 입을 열었다.

"그러니까 내 계획이 뭐냐면……."

막상 말을 꺼내긴 했는데 사실 민혜에게 계획 같은 건 없었다. 우은이와 세아가 집중하자 민혜는 갑자기 머릿속이 하얘지는 것 같았다.

"그, 그러니까 판타스틱하면서도, 엘레강스한 교실을 만드는 거지."

"하하, 무슨 패션 디자이너 같다. 너!"

우은이는 민혜의 말을 듣고 웃음을 터트렸다. 세아는 싱긋 웃더니 민혜에게 이야기했다.

"민혜야! 나도 아이디어를 생각해 봤는데, 들어 볼래?"

세아가 자리에서 일어나 칠판 앞으로 갔다. 펜을 들어 날짜를 쓰더니, 앞으로 남은 20일 동안의 정리 계획을 차곡차곡 적어 나갔다. 우은이는 칠판을 보며 감탄했다.

"우와, 이걸 언제 생각한 거야? 정말 대단해!"

민혜는 우은이의 칭찬이 신경 쓰였다. 당연히 칭찬할 일인데도 세아에게 자신이 자꾸 밀리는 기분이 들어서였다. 또한 미화 부장은 자신인데, 세아가 모든 계획을 이끄는 것 같아서 초라해지는 기분이 들었다. 마치 민혜 마음을 다 들여다본 것처럼 세아가 입을 열었다.

"내 의견일 뿐이야. 민혜가 미화부장이니까, 민혜의 계획과 잘 맞아야지."

민혜는 세아의 의견을 거절하고 싶지만, 다른 방법이 없었다. 민혜는 세아에게 웃으며 말했다.

"나도 좋아. 벌써 계획까지 다 세워 두다니! 진짜 고마워!"

세아 덕분에 회의는 예상보다 빨리 끝났다. 형재는 기다렸다는 듯이 서둘러 책가방을 메고 집에 갔다. 우은이는 옆 반 친구를 보러 잠시 교실을 나갔다. 민혜는 공책에 세아가 칠판 위에 적은 계획을 옮겨 적었다. 가방을 챙기던 세아가 민혜를 힐끔 보며 말했다.

"그걸 다 베끼고 있는 거야?"

"응! 까먹을까 봐. 내가 좀 덜렁거리잖아."

민혜는 웃으며 대답했다. 그런데 생각지도 못한 냉랭한 목소리가 들려 왔다.

"덜렁거리는지는 아네? 하긴 네가 무슨 계획을 짜겠어. 공부는커녕 정리도 못하는데."

민혜는 잡고 있던 연필을 떨어뜨렸다. 자신이 잘못 들었나 싶어서 세아를 바라보았다. 역시나 목소리의 주인공은 세아가 맞았다. 세아는 계속 말을 이어갔다.

"왜 미화부장에 지원했어? 너같이 덜렁거리는 애가 미화부장이라니 말이 돼? 하지만 내가 부반장이 된 이상 우리 반이 꼭 1등을 해야 돼."

민혜는 세아의 말을 믿기 힘들어서 연신 눈을 깜빡였다. 도도한 세아의 표정을 보고, 점차 민혜의 얼굴이 놀라움으로 물들어 갔다. 바로 그때 우은이가 교실로 들어왔다.

"무슨 이야기를 하고 있어?"

우은이가 묻자 세아는 금세 아까처럼 친절한 미소를 지었다.

"대회 준비를 잘하자고 이야기했어. 민혜야. 난 가 볼게. 내일 보자!"

세아는 밝은 표정으로 인사하고 교실을 나갔다. 민혜는 갑자기 변한 세아의 모습에 어리둥절했다. 민혜의 기분도 모르고 우은이는 세아를 칭찬했다.

"세아, 정말 대단하지? 공부도 잘하는데 대회 준비까지. 못하는 게 없어."

민혜는 우은이의 말에 얼결에 고개를 끄덕였다. 그러고는 여전히 어리둥절한 표정으로 세아가 나간 문을 바라보았다.

정리 계획, 공부 계획!
계획은 대체 어떻게 세워야 되는 건가요?

계획 세우기 완전정복!! - 목표를 명확하게 정하고, 하루 단위로 실천 계획을 세우자!

1. 목표를 세우고 하루의 계획부터 세워 보자

먼저 목표가 무엇인지 생각해 보아야 해요. 명확한 목표 없이는 계획을 잘 세우기도 어렵고, 꾸준히 지키기도 어렵거든요. 예쁜 공책을 펼쳐 자신의 최종 목표를 한 줄의 문장으로 정리합니다. 이 목표 공책에 앞으로의 계획을 꾸준히 정리해 나가세요.

일단 최종 목표를 정했다면, 이제 그 목표를 이루기 위해 계획을 짤 차례예요. 처음에는 아주 간단한 것부터 계획하는 것이 좋아요. 그래야 잘 지킬 수 있으니까요. 거창한 계획만 있고, 지키지 못한다면 아무 쓸모가 없어요. 그러기 위해서 우선 하루의 계획을 세워 보세요.

하루의 계획을 짤 때는 매우 구체적으로 적어야 해요. 예를 들어, '독서'가 목표라면, 하루에 몇 쪽을 읽을지 정하는 것이지요. '내 방 정리'가 목표라면, 하루에 책꽂이 몇 칸을 정리할지 적는 것이고요.

하루 계획이 익숙해졌다면, 이제는 일주일 계획으로 넘어갈 차례입니다. 아까 정한 최종 목표에 맞춰, 일주일 단위의 행동 목표를 세워 보세요. 그리고 그 목표에 맞는 계획을 각 요일에 나누어 봅니다. 이렇게 일주일 계획이 만들어지면, 한 달 계획으로 넘어가는 것이지요.

어때요? 작은 단위부터 연습하듯이 차근차근 실행하니까 계획도 잘 짤 수 있겠지요?

2. 일주일 혹은 한 달 단위 계획을 지키면 상을 주자

일주일 계획을 잘 실행했다면, 공책에 별 표시를 해주세요. 이 별 표시를 받았다면 계획을 아주 잘 지킨 것이니 칭찬받을 만하지요.

일주일 계획을 잘 지켰다면 스스로에게 상을 주세요. 월요일부터 금요일까지 계획을 다 지키면, 주말은 친구들과 놀 시간으로 정한다든지 말이지요. 한 달 계획을 잘 지켰다면 엄마, 아빠에게도 말씀드려서 칭찬받아도 좋겠지요.

덜렁이 민혜 VS 깍쟁이 세아

형재는 집에 돌아오자마자 욕실로 가서 손을 꼼꼼히 씻었다. 옷을 벗어 제자리에 걸고, 교과서를 책꽂이에 꽂은 다음 가방을 책상 옆에 바르게 세웠다. 책상 앞에 앉아서 아까 틀렸던 마지막 문제가 적힌 공책을 펼쳤다. 어제 분명 여러 번 확인하고 빠짐없이 공책에 옮겨 적었는데, 도대체 어디가 잘못된 것인지 알 수가 없었다.

형재는 문제를 푼 연습장을 꺼내 살펴보았다. 연습장에는 틀리지 않고 잘 풀었는데, 공책에 옮기면서 답이 잘못된 것이었다. 공책에 글씨를 또박또박 쓰려고 노력하다가 정작 답이 맞는지를 확인하지 못한 것이다. 형재는 입술을 깨물었다. 번번이 2등인 것에 화가 났다. 세아보다 더 열심히 공부하는 것 같은데, 한 번도 세아를 이겨 본 적이 없다. 형재는 책을 들여다보았지만 집중되지 않았다. 세아의 비아냥이 떠오르자 질끈 눈을 감았다.

'손수건은 어디 갔지?'

형재는 주변을 돌아보며 손수건을 찾았다. 무언가 집중되지 않으면 형재는 항상 안경을 닦았다. 마치 안경에 뭐가 묻어서 앞이 뿌예진 것 같았다. 이 모든 게 장세아 때문이었다. 장.세.아.

안경을 다 닦고 공책을 들여다보는데, 공책 한 구석에서 글씨가 적혀 있다.

'너도 0점! 바보! 안경잡이! 메롱!'

바로 민혜가 남긴 낙서였다. 형재가 문제를 풀러 나갔을 때 적은 것이 분명했다.

"으아아아! 이 덜렁이가!"

형재는 씩씩대며 지우개로 낙서를 지웠다. 얼마나 북북 눌러 적었는지 연필 자국이 여전히 남아 있었다. 형재는 벌떡 자리에서 일어났다. 세아가 자신을 놀린 것보다 깔끔한 공책에 낙서를 한 민혜가 더 얄미웠다.

"으, 우민혜! 절대 가만히 안 넘어가! 꼭! 갚아 줄 거라고!"

다음날 형재는 민혜를 어떻게 골탕 먹일지 생각해 보았다. 민혜의 학교생활을 보면 덜렁거리는 것 말고 별다른 흠이 없었다.

'워낙에 덜렁거리니까 물건을 숨겨도 당황하지 않을 것 같아. 공책에 낙서해도 그러려니 할 것 같고. 어떻게 갚아 주지?'

시간이 흘러 방과 후 '교실 꾸미기 대회' 준비시간이 되었다. 민혜와 형재, 세아와 우은이는 어제처럼 모여 앉았다. 오늘은 세아의 계획대로 준비를 시작했다. 어제의 도도함은 온데간데없이 사라지고 세아는 다시 친절해져 있었다.

"근데 내 계획대로 해도 괜찮을까? 민혜야, 다른 아이디어는 없니? 네가 미화부장이잖아."

민혜는 그런 세아를 보고 의아해하며 물었다.

"어제 나한테는 네가 뭘 알겠냐고 그랬잖아."

"무슨 소리야. 난 그냥 도와주겠다고 한 건데?"

민혜는 세아의 말에 황당한 나머지 다그쳐 물었다.

"너 어제 나한테 아무것도 못한다고 그랬잖아. 기억 안 나?"

"아무래도 내가 너무 나서서 민혜가 화난 것 같아. 내가 하지도 않은 말을 지어내는 걸 보면 말이야. 정말 미안해. 난 그저 도와주고 싶었어."

세아는 주눅 든 얼굴로 말했다. 민혜는 너무 답답해서 더 큰 목소리로 말했다.

"아니, 네가 어제 나한테 한 말이잖아!"

그 순간 우은이가 자리에서 일어났다.

"민혜야. 세아는 도와주려고 한 것 같은데 화내지 마. 세아 너도 이해해. 민혜도 별 뜻 없이 한 말일 꺼야."

우은이의 위로에도 세아는 기분이 안 좋았는지 교실을 나갔다. 민혜는 억울한 마음에 우은이를 바라보며 말했다.

"그게 아니라, 정말 어제 세아가 나한테 그랬……."

"잠깐만 민혜야."

민혜가 말을 다 마치기도 전에 우은이는 세아를 따라 나갔다. 민혜는 세아를 따라가는 우은이를 보고 할 말을 잃었다. 우은이는 유치원 때부터 알던 자신보다 세아를 더 믿는 것 같았다. 억울한 마음에 눈물이 쏟아져 나올 것만 같았다. 한편 민혜를 지켜보던 형재는 불꽃같은 아이디어가 떠올랐다.

'저 덜렁이, 최우은을 좋아하는 거였어? 앗싸! 드디어 찾았다. 덜렁이의 약점!'

조용히 안경을 올리는 형재의 얼굴에 미소가 번져 나갔다.

잠시 후 우은이는 세아와 함께 교실로 돌아왔다. 세아는 민혜에게 전처럼 밝게 대했지만, 민혜는 뾰루퉁한 표정이었다. 우은이는 민혜를 달래 주려고 농담도 건넸지만 민혜는 오늘만큼은 우은이의 말도 듣고 싶지 않았다.

이윽고 교실 정리가 시작되었다. 교실 뒤편의 사물함들과 선반에는 작년 학급의 물건들이 어지러이 올려져 있었다. 민혜는

엉거주춤 서서 물건을 대충대충 한쪽으로 모았다. 반면 세아는 누구보다 열심히 정리했다. 우은이는 세아를 열심히 도와주고 있었다. 민혜는 정리보다 온통 두 사람에 신경이 쏠렸다.

'으, 저 마녀 같은 장세아!'

민혜는 마음이 부글부글 들끓었다. 그때 우은이가 민혜에게 다가와 말을 걸었다.

"민혜야, 마음 풀어. 세아가 도와주면 너도 좋잖아."

"우은아. 진짜 어제 세아가 나한테 그랬다니까."

민혜는 억울해하며 우은이를 잡았다.

"내가 거짓말을 하지 않는 거 알잖아. 덜렁거리기는 해도."

"알아. 누가 거짓말을 했대? 다만 세아랑 사이좋게 지내라는 거야."

우은이의 말에 민혜는 더욱 서운함만 깊어졌다.

"그러니까 넌 결국 세아 편만 드는 거잖아!!!"

민혜는 참다못해 눈물을 흘리며 교실을 나갔다. 우은이를 좋아하는 마음만큼이나 서운함이 컸다. 우은이는 처음 보는 민혜의 모습에 당황해 어쩔 줄을 몰랐다. 민혜가 나가 버린 교실은 무척이나 조용했다. 세아는 피아노 레슨이 있다며 가방을 들었다. 세아는 우은이에게 웃으며 말했다.

"내가 내일 민혜랑 잘 말해 볼게."

세아가 나가자 형재 역시 서둘러 교실을 나가려 했다. 바로 그때 우은이가 형재를 불렀다.

"형재야. 이거 민혜 가방인데 가는 길에 갖다 줄래? 효민이가 그러는데 너네 같은 아파트 산다며."

우은이는 형재에게 민혜의 가방을 건넸다.

"내가 가면 별로 안 좋아할 것 같아서 말이야."

형재가 싫다는 말을 하기 전에 우은이는 벌써 형재 옆에 가방을 두고 교실을 나갔다.

'내가 덜렁이 가방을 왜 갖다 줘야 하는데?'

형재는 민혜의 가방을 그대로 두고 교실을 나갔다. 하지만 몇 분이 지나서 형재는 다시 교실로 돌아왔다. 이상하게도 민혜의 가방이 신경 쓰였다. 형재는 한숨을 푹푹 내쉬며 가방에서 물휴지를 꺼내 민혜의 가방끈을 집어 들었다.

지나친 정리는
오히려 좋지 않다구요?

정리 균형 잡기 완전정복! - 지나친 정리는 오히려 주의력을 떨어뜨릴 수 있다!

1. 필요한 부분만 정리하기
깔끔하게 정리정돈을 하는 것은 공부나 학교생활에 도움이 되지만, 너무 지나치게 신경 쓰게 되면, 정작 중요한 것을 놓쳐 버릴 수 있어요. 그러니 정리정돈에 있어서 중요한 부분들을 정하고, 그 부분들을 먼저 신경 쓰도록 해요.

불필요한 부분까지 세세하게 신경 쓰는 것은 정리정돈에 도움이 되지 않아요. 그러므로, 정리정돈이 필요한 부분에만 신경을 집중하는 요령이 필요답니다.

2. 주의집중력을 향상시키는 방법
1) 정리정돈을 하는 시간을 정해 그 시간에만 정리해요!
늘 정리정돈을 해야 한다는 생각을 버리고, 자신이 정한 시간에만 합니다. 정리정돈이 끝난 후, 나머지 시간에는 다른 할 일에 집중하는 것이지요.

2) 지나치게 깔끔한 것은 오히려 집중을 방해해요!

주변 정리 하나하나에 세심하게 신경을 쓴다면, 오히려 집중하는 것을 방해할 수 있어요. 편한 마음으로 주변을 그대로 두는 자세도 필요하답니다.

정리정돈 대작전이 시작되다!!

형재는 민혜의 집 앞에 도착했다. 초인종을 누르려다 형재는 가방을 문 옆에 두고 가기로 했다. 민혜를 만나서 이야기하기도 껄끄러워서였다.

'여기다 두면 언젠가 가져가겠지.'

그런데 형재가 가방을 놓으려는 순간 현관문이 벌컥 열렸다. 문을 열고 나온 사람은 민혜의 엄마였다.

"누구니? 아, 우리 민혜랑 같은 반 친구니?"

"네? 아, 저……."

"어서 들어오렴. 민혜 지금 방에 있다."

민혜의 엄마는 형재 손에 들린 가방을 보고 대번에 민혜 친구

임을 알아챘다. 그렇지 않아도 오늘 민혜가 눈물이 그렁해져서 들어와 걱정이었는데, 형재에게 그 이유를 물어볼 생각이었다. 형재는 엉겁결에 민혜네 집 안으로 들어왔다.

평소 민혜를 보면 집도 지저분하지 않을까 생각했는데, 민혜네 집은 생각보다 훨씬 깔끔했다. 형재는 안도의 한숨을 내쉬었다. 민혜의 엄마는 주스를 따라 주며 형재에게 물었다.

"우리 민혜를 찾아온 남자친구는 우은이 말고는 처음이네. 민혜랑 친하니?"

"아? 전 그냥 짝이에요."

형재는 예의 바르게 대답했다. 민혜네 엄마는 흐뭇하게 형재를 보다가 걱정스러운 얼굴로 물었다.

"그나저나 민혜가 오늘 뾰루퉁해져서 자기 방에만 있어. 혹시 학교에서 무슨 일이 있었니?"

형재는 고개를 저었다. 왠지 민혜의 일을 비밀로 해야 할 것만 같았다.

'뭐지? 이형재! 그냥 말해도 되잖아. 덜렁

이가 학교에서 운 게 뭐가 어때서.'

형재는 더 이상 민혜 일로 고민하기가 싫어서 자리에서 벌떡 일어났다.

"그럼 저는 그만 가보겠습니다. 가방을 전해 주러 온 거예요."

"아니, 민혜는 보고 가야지. 얘가 친구가 왔는데도 나와 보지도 않고."

민혜의 엄마는 민혜 방문을 두드리며 민혜를 불렀다.

"아니, 아니에요!"

형재는 손사래를 쳤지만, 이미 민혜 엄마는 방문을 열어 버렸다. 형재가 쭈뼛거리자 민혜의 엄마는 괜찮다는 듯 형재 손을 잡아 방으로 이끌었다. 졸지에 민혜 방에 들어간 형재는 놀라 헛기침을 했다.

"흠, 흠!"

"효민아. 나 정말 속상해!"

침대에 누워 이불을 뒤집어쓴 민혜는 누가 왔는지 확인하지도 않고 말을 했다.

"너도 알잖아. 내가 얼마나 우은이 좋아하는지. 근데 우은이가 내 편이 아니라 세아 편만 드는 거야. 으허헝."

형재는 자신이 효민이 아니라고 말하고 싶었지만, 민혜가 계속 징징대며 이야기를 늘어놓아서 그럴 틈이 없었다. 게다가 형재는 눈앞에 펼쳐진 풍경을 믿을 수가 없었다. 발 디딜 틈도 없는 방바닥과 쓰레기봉투들, 열린 봉투 사이로 옷과 책들이 빠져나왔고, 장롱 문은 활짝 열려 있었다. 형재는 머리가 어지러울 지경이었다.

"이게 말이 되냐고! 진짜!"

그 순간 민혜가 이불을 박차고 침대에서 벌떡 일어났다. 눈물로 그렁그렁한 민혜의 눈이 형재와 마주치자 더없이 커졌다. 민혜는 기겁하며 소리를 질렀다.

"꺄아악! 너 뭐야! 안경잡이!"

"야휴, 시끄러워. 우민혜! 왜 그래?"

거실에 있던 민혜의 엄마가 비명소리에 놀라 방으로 들어왔다. 민혜는 엄마에게 따지듯 물었다.

"엄마, 왜 쟤가 내 방에 있어? 왜?"

"아까 네 가방을 가지고 왔더라. 그래서……."

민혜 엄마의 말이 채 끝나기도 전에 민혜는 호들갑스럽게 침대에서 내려왔다.

"아, 맞다! 가방을 교실에 두고 왔지!"

울었다, 소리 질렀다, 놀라는 민혜를 보고 있자니 형재는 흡사

연극 한 편을 보고 있는 기분이었다. 난장판인 민혜의 방에 있는 것도 어지러운데, 호들갑스러운 민혜를 보니 형재는 머리가 지끈거렸다.

얼마나 시간이 지났을까. 민혜와 형재 사이에는 어색한 침묵이 흘렀다. 형재는 원래 말이 없는 편이지만, 말 많은 민혜 역시 쉽사리 말을 걸지 못하고 있었다. 아까 놀란 나머지 자신의 가방을 가져다 준 형재에게 소리 지른 것이 마음에 걸렸기 때문이다. 침묵이 길어지자 형재는 어색해하며 방 안을 둘러보았다. 형재의 눈에 책상 위에 놓인 액자가 들어왔다. 액자에는 우은이와 민혜가 유치원 때 찍은 사진이 담겨 있었다. 먼지 하나 없이 깨끗하게 놓인 액자를 보고 형재는 입을 열었다.

"이렇게 엉망진창인데도 먼지 하나 없는 게 있네."

"뭐? 무슨 소리야?"

민혜의 질문에 형재는 책상 위의 액자를 집어 들었다.

"이거 최우은 맞지? 그럼 그렇지! 아까 그렇게 서럽게 운 이유가 바로 최우은 때문이었구나?"

민혜는 인상을 쓰며 형재 손에서 냉큼 액자를 빼냈다.

"내놔. 왜 남의 물건을 함부로 만져? 그렇지 않아도 속상한데!"

민혜는 아직도 서러운지 눈물을 글썽였다. 사실 형재도 마음이 편치는 않았다. 세아에게 뭔가 억울한 일을 당한 듯한 민혜를 보니, 자신의 모습이 떠오른 것이다. 그래서였을까? 형재는 민혜가 말한 세아의 이야기를 다시 확인하고 싶었다.

"근데 정말 세아가 너한테 그런 말을 했어?"

민혜는 형재의 질문에 금세 성난 표정으로 바뀌었다.

"안경잡이, 너도 내 말을 못 믿는 거야? 다들 왜 이래? 혹시 세아 좋아하냐?"

민혜의 황당한 말에 형재는 얼굴을 찡그렸다.

"아니거든! 나도 세아한테 그런 말을 들은 적이 있어서 물어본 거거든?"

그러자 민혜는 화들짝 놀라 형재 곁으로 다가가 앉았다.

"세아가 너한테도 그런 말을 했어? 왜? 넌 나처럼 덜렁대는 것도 아니고 정리도 잘하잖아! 공부도 잘하고. 뭐, 성격이 좀 이상하긴 하지만."

형재는 민혜의 마지막 말에 찌릿 하고 째려보았다.

"히힛, 우리 서로 인정할 건 인정하자! 나도 정리 못하는 거 인정하잖아."

민혜가 악의 없이 웃자 형재는 피식 웃음이 나왔다. 둘 다 세아에게 억울한 마음이 있어서인지 한층 편안해진 기분이었다. 민혜는 진심으로 궁금해하며 물었다.

"근데 세아는 우리한테 왜 그러는 걸까? 완전 딴 사람 같았어."

민혜의 말을 형재는 가만히 듣고 있었다. 민혜는 혼잣말하듯 중얼거렸다.

"근데 세아 말이 틀린 게 없긴 해. 내가 미화부장인데 정리정돈을 못하니까 무시당하는 거지, 뭐."

형재는 울컥한 마음이 들어 벌떡 일어나 민혜를 보았다.

"야, 정리정돈이 뭐 별거라고 무시당해도 된다는 거야? 세아는 얼마나 잘한다고. 전교 1등이면 다야?"

"뭐, 뭐야? 왜 그래?"

"정리정돈은 내 취미 생활이야. 네가 대회 준비를 잘해서 세아 코를 납작하게 만들겠다고 하면, 내가 도와줄 수도 있어."

민혜는 놀라 형재를 바라보았다. 형재의 결의에 찬 눈빛은 흔들리지 않았다. 그렇다. 덜렁이와 안경잡이에게는 불멸의 공통점이 하나 있었다. 그것은 바로 세아를 이기고 싶은 마음이다.

"안경잡이. 네 마음은 알겠는데, 네가 아직 이 우민혜 님을 모르는 것 같아! 내 방을 봐."

민혜의 말대로 지저분한 방 안을 둘러보니 형재는 입이 바싹

마르는 것 같았다. 하지만 물러설 수 없었다. 형재의 흔들림 없는 태도를 보자 민혜도 마음을 다잡았다. 둘은 서로 마주 보고 고개를 끄덕였다. 이렇게 형재와 민혜의 정리정돈 대작전이 시작된 것이다.

물건에도 성격이 있다구?
- 책상 서랍 정리하기!!

다음 날, 민혜는 아침 일찍 학교에 왔다. 이제껏 민혜가 학교에 일찍 온 것은 처음이었다. 민혜는 세아를 이길 생각에 벌써부터 눈빛이 이글거렸다. 이윽고 교실 문이 열리고 우은이가 들어왔다. 어제 일이 마음에 걸려서인지 우은이는 민혜의 눈치를 살폈다.

"민혜야, 벌써 왔어?"

"어, 그냥."

민혜는 어색하게 대답했다. 우은이도 평소 같지 않은 민혜의 모습에 머리를 긁적였다. 그런 우은을 보니 민혜는 미안한 마음이 들었다. 사실 따지고 보면 우은이는 싸움을 말리려고 그랬던

건지도 모른다. 민혜가 마음을 풀고 평소처럼 우은이에게 말을 걸려는 순간, 까칠한 목소리가 들려왔다.

"최우은, 여기 내 자리거든."

빛나는 안경을 치켜세우며 비키라는 눈짓을 하는 사람은 바로 형재였다. 우은은 형재의 말에 얼른 자리를 비켜 주고는 자신의 자리로 돌아갔다. 그 모습을 본 민혜는 얼굴을 찌푸리고 형재를 바라보았다. 그리고 우은이가 들을세라 목소리를 낮춰 형재에게 말했다.

"야, 넌 눈치가 그렇게 없어?"

"무슨 눈치? 난 내 자리에 앉겠다 말한 건데?"

"으이구! 분위기를 좀 보라고."

어제의 극적인 협상 때와는 달리 형재는 여전히 밉상처럼 굴었다. 민혜는 형재를 흘겨보다가 아쉬운 눈빛으로 우은이를 바라보았다.

하지만 수업이 시작되고 나서 민혜의 눈은 세아만 쫓아다녔다. 우은이와 즐겁게 이야기하는 세아, 책가방을 챙기는 세아, 점심을 먹는 세아, 민혜는 불만스럽게 세아를 지켜보았다. 그러자 형재가 한마디 했다.

"야, 너무 티 나게 쳐다보지 마."

"후훗, 장세아! 기다려! 내가 정리정돈으로 확 이기고 말 테니까!"

의욕이 샘솟는 민혜와 달리 형재는 고민이 이만저만이 아니었다. 어제 대뜸 민혜를 돕겠다고 했으나 어떻게 할지 막막했다. 덜렁대면서도 산만한 민혜를 어떻게 정리정돈을 잘하게끔 만들 수 있을지 눈앞이 캄캄했다. 그런 형재에게 민혜는 불쑥 아이스크림을 내밀었다. 형재가 어리둥절한 표정으로 물었다.

"뭐야, 이게?"

"먹으라고. 내 뇌물이야."

형재는 민혜가 건네는 아이스크림을 바라보았다. 그동안 형재는 친구에게 무언가를 준 적도, 받은 적도 없었다.

"거 참. 바라보다가 다 녹겠다. 너 먹으라고 사온 거야. 뇌물인 거 잊지 마라! 히히."

민혜는 형재의 손에 아이스크림을 쥐어 주고는 다른 친구들 쪽으로 뛰어갔다. 형재는 아이스크림을 보며 이걸 들고 온 민혜의 손이 과연 깨끗할까 잠시 생각했다. 그러다가 아이스크림을 한 입 베어 물었다. 시원하면서도 달콤한 아이스크림의 맛이 입 안에 가득 느껴졌다.

　수업이 모두 끝나고 교실에는 민혜와 형재, 그리고 세아와 우은이가 남았다. 세아는 가방에서 스케치북을 꺼내 펼쳤다. 스케치북에는 교실 뒤쪽을 꾸밀 그림들이 그려져 있었다. 민혜는 입이 딱 벌어졌다. 세아는 대회 1등을 하기 위해 정말 열심히 노력하고 있다. 그런 세아를 자신이 이길 수 있을까? 그때 세아가 입을 열었다.
　"어떤 색을 중심으로 가면 좋을까? 난 파란색을 좋아하는데."
　우은이가 냉큼 대답했다.
　"어, 진짜? 나도 파란색을 제일 좋아하는데!"
　"그래? 너도 그럼 31개 아이스크림을 고를 때 파란색 아이스크림을 골라?"
　"당연하지! 아이스봉봉 말하는 거지? 너도 그렇구나."
　세아와 우은이가 또 둘만 친근하게 이야기하자 민혜는 다시 심통이 났다. 그림 회의를 마치고 세아와 우은이는 함께 집에 갔다. 민혜와 형재는 남아서 뒷정리를 더하기로 했다. 사물함 위쪽을 치우면서 민혜는 형재를 힐끔 봤다. 형재는 무언가 골똘히 생각하고 있었다. 민혜는 형재에게 말을 걸었다.

"음, 무슨 생각을 하는 거야? 혹시 세아를 이길 방법을 생각하는 거야? 그런 거면 나도 아이디어가 엄청 많은데?"

"됐다! 계획을 세웠어! 정말 힘들었지만 드디어 해냈다!"

형재의 알 수 없는 대답에 민혜는 고개를 갸우뚱했다.

"무슨 계획? 세아를 이기는 계획?"

"비슷해. 그 전에 네가 정리에 대해 배울 필요가 있어."

형재는 민혜의 책상을 가리키며 말했다.

"오늘의 첫 미션은 바로 책상 서랍 정리다!"

"아니, 세아를 이기자는데 왜 책상 서랍을 정리하래?"

형재는 대답도 하지 않고 커다란 쓰레기통과 빗자루를 가지고 왔다.

"책상 정리부터 할 줄 알아야 더 큰 교실도 정리하고 꾸밀 거 아니야."

민혜는 오만상을 찌푸리자 형재는 알았다는 듯 빗자루를 내려놓았다.

"알았어. 내 계획이 별로라면 난 이쯤에서 그만두지, 뭐."

"아, 아니야. 누가 하지 않는대? 어떻게 해야 되냐고 물어보려고 했어. 하핫."

형재는 그 말을 기다렸다는 듯이 쓰레기통, 빗자루, 물휴지를 민혜에게 건넸다.

"넌 무슨 남자애가 물휴지를 그렇게 고이 모시고 다녀?"

"그건 내가 너처럼 덜렁이가 아니기 때문이지."

형재와 민혜는 먼저 서랍 안에 든 물건을 전부 꺼내기로 했다. 잠시 후 민혜의 서랍에서는 온갖 잡동사니가 쏟아져 나왔다. 심지어 조금 전에 먹은 아이스크림 포장지까지 나왔다. 형재는 혀를 내두르며 말했다.

"이게 서랍이야? 쓰레기통이지?"

"아이참, 그러니까 네가 도와주면 되잖아. 히히."

별 걱정 없어 보이는 민혜를 보자 형재는 머리가 지끈 아파왔다. 형재는 단호한 얼굴로 말했다.

"당장 모두 버려!"

민혜는 형재의 말에 소스라치게 놀라며 물건을 쓸어안았다.

"안 돼! 나중에 필요한 물건이면 어떻게 해? 네가 책임질 거야?"

민혜는 어릴 적부터 무언가를 버리는 것에 익숙하지 않았다. 물건을 보면 나중에 다시 쓸 일이 생길 것 같았기 때문이다. 하지만 이번에는 형재도 물러서지 않았다.

"그럼 이 물건들이 무엇인지 대충이라도 말할 수 있어? 네가 말하면 버리지 않을게."

"당연하지! 그거야. 그러니까……."

민혜가 말을 얼버무리자 형재는 냉큼 말을 이었다.

"당연히 뭔지 모르지! 물건을 정리한 적이 없으니까. 그런 물건은 시간이 지나도 절대 사용하지 못해. 기억도 못하는데 어떻게 찾아서 써?"

민혜는 아무런 대꾸도 하지 못했다. 실제로 민혜는 모아 둔 물건들을 거의 기억하지 못했다. 그렇다 보니 물건을 다시 찾아서 쓴 적이 거의 없었다.

"세아보다 더 정리를 잘하고 싶다며!"

형재의 말에 민혜는 눈을 질끈 감았다. 세아만큼은 꼭 이기고 싶었다. 그래서 자신이 정리를 잘 못할 거라는 세아의 생각을 고쳐 주고 싶었다. 민혜는 드디어 결심하고 필요 없는 물건들을 집어 들었다.

"으아! 이건 정말 추억의 볼펜 통인데!"

민혜는 온갖 호들갑을 떨며 필요 없는 물건을 골라냈다. 그런 다음에 쓰레기통에는 그것들을 집어넣었다. 민혜의 서랍에는 교과서와 공책, 몇몇 준비물만이 남았다. 정리정돈으로 깔끔해진 서랍을 보고 민혜는 뿌듯함이 밀려 왔다. 민혜는 형재를 보며 환히 웃었다.

"안경잡이, 가자! 내가 떡볶이 살게. 히히."

정리대장, 형재의 정리정돈 비법 1
쓸데없는 것을 버리는 것이 바로 정리의 시작!

정리를 잘하기 위해 가장 처음 해야 하는 것은 무엇일까요?
성능이 좋은 청소기를 준비해야 할까요? 아님 깨끗한 걸레를 준비해야 할까요?
하지만 방바닥과 책상 위에 물건들이 어지럽게 있다면 청소기도, 걸레도 소용이 없겠지요? 정리의 가장 기본은 내 물건이 어떤 용도인지를 알고, 필요한 것인지 확인하는 것이에요.

1) 먼저 방에 어떤 물건들이 있는지 특성별로 분류해 보아요.
예를 들면, 책 : 교과서, 참고서, 동화책 등등
연필류 : 연필, 볼펜, 형광펜, 색연필 등등
장난감 : 인형, 로봇, 자동차 등등
이렇게 성격이 비슷한 물건끼리 나누는 것이지요.

2) 분류한 물건들 중에 전혀 사용하지 않거나, 방에 있는지도 몰랐던 물건들은 무엇인가요? 그중 버릴 물건을 골라 봅시다.
왜 버려야 하냐고요? 정리가 잘되지 않는 큰 이유는 바로 쓸데없는 물건이 너무 많아서랍니다.
나한테 정말 필요한지 생각해 보지도 않고 그냥 가지고 있으면 물건들이 매우 많아집니다. 너무 많아서 어떤 물건이 있는지 일일이 신경 쓰기 어렵지요. 심지어 있는 물건을 또 사는 일도 생긴답니다. 결국 정리하기 어려운 정도가 되어 버리지요.

서랍이나, 장롱 같은 수납 공간은 한정되어 있습니다. 그러니 내게 꼭 필요한 물건은 무엇인지를 곰곰이 생각해 보고 골라내세요. 남은 물건 중에서 이제 더는 사용하지 않는 물건, 망가진 물건은 아쉽지만 쓰레기통에 넣어요. 물건 상태가 좋다면 재활용을 하거나, 벼룩시장에서 내는 것도 한 방법이지요.

이렇게 내 물건 중에 어떤 것이 필요하고, 필요 없는지를 가려내는 것만으로도 벌써 정리의 반은 끝난 것이랍니다.

무적의 정리 수첩을 써 보자!

학교에서 돌아온 민혜는 곧장 침대에 누웠다. 서랍 정리를 해서 그런지 피곤했다. 잠이 솔솔 오는데 갑자기 머릿속에 선생님이 내주신 숙제가 떠올랐다.

"맞다. 숙제가 있었는데. 뭐였더라? 하암, 졸리다. 뭐였더라."

점점 눈이 감기더니 민혜는 그대로 잠에 빠져들었다.

"으아아아아! 엄마, 나 왜 안 깨웠어?"

다음 날 민혜는 늦잠을 자 책가방을 메고 헐레벌떡 뛰어나왔다. 아파트에서 나오자 낯익은 목소리가 들렸다.

"또 왜 그래? 덜렁이!"

바로 형재였다. 민혜는 형재를 보고 반갑게 인사했다. 어제 서랍 정리를 하고 같이 떡볶이도 먹어서 형재와 한결 친근해진 기분이었다. 민혜는 부스스한 머리를 만지며 말했다.

"어제 피곤하지 않았어? 난 집에 오자마자 잠들어서 아침에 일어났어."

"난 괜찮았는데."

"진짜? 그럼 집에 가서 또 정리하고 그랬어? 숙제도 다 하고? 정말 대단하다. 도대체 몇 시에 자?"

민혜의 끊임없는 수다에도 형재는 묵묵부답이었다. 민혜는 아랑곳하지 않고 계속해서 이야기했다.

"근데 너 안경은 하루에 몇 번이나 닦아? 아, 맞다. 오늘 숙제가 있었지? 너 다 했으면 나 좀 보여 줄래? 히히."

그러자 말없이 걷던 형재가 자리에 우뚝 서더니 민혜에게 말했다.

"싫어. 숙제는 네 스!스!로! 하는 거거든."

민혜는 형재의 말에 잠시 얼이 나갔다. 형재는 할 말을 하고 다시 걸었다. 이내 민혜는 형재의 뒷모습을 보며 툴툴댔다.

"으휴, 치사해. 역시 밉상이라니까."

형재와 민혜는 어느새 학교 운동장을 지나가고 있었다. 숙제

이야기 때문에 민혜는 살짝 뾰루퉁해 있었다.

"야, 거기!!"

큰 고함 소리와 함께 축구공이 날아왔다. 축구공은 그대로 형재를 향해 떨어졌다. 운동신경이 나쁜 형재는 미처 피할 틈도 없이 축구공을 머리에 맞고 말았다. 형재보다 민혜가 더 놀라 소리쳤다.

"으악! 형재야, 괜찮아?"

민혜의 눈에 운동장에 떨어진 형재의 안경이 들어왔다. 형재는 머리를 감싸고 주저앉았다. 그 바람에 안경이 떨어진지도 모르는 것 같았다. 형재가 기겁할 것 같아서 민혜는 얼른 안경을 주워서 자신의 옷으로 닦았다. 아픔이 조금 가시자 형재는 그제야 고개를 들었다.

"너 지금 뭐, 뭐하는 거야? 뭐로 닦는 거야!"

"자, 내가 다 닦았어. 너 안경을 엄청 소중하게 생각하잖아."

안경을 건네는 민혜의 표정은 더없이 밝았다. 민혜의 말에 형재는 잠시 멍해졌다. 친구가 별로 없는 형재는 민혜의 친근한 말과 행동이 굉장히 낯설었다. 민혜는 형재의 손에 안경을 쥐어 주고 축구공을 찬 아이들에게 큰 목소리로 외쳤다.

"야, 여기다 공을 차면 어떻게 해? 다칠 뻔했잖아!"

형재는 안경을 햇살에 비쳐 보았다. 안경에는 먼지와 지문이 찍혀 있었다. 민혜는 그런 형재를 의아하게 쳐다보았다.

"왜? 뭐가 안 닦였어? 내가 깨끗이 닦았는데? 어디 봐. 이 정도면 잘 보이는구먼."

민혜는 안경의 남은 먼지를 입으로 홀홀 불며 너스레를 떨었다. 형재는 민혜가 건네준 안경을 머뭇거리며 받았다. 평소 같으면 손수건으로 안경을 잽싸게 닦았을 텐데 이번에는 그대로 썼다. 형재는 눈을 깜박였다. 안경에 뭐라도 묻으면 답답하고 큰일이 날 것 같았는데, 생각보다 괜찮았다.

"어때? 잘 보이지?"

민혜가 활짝 웃으며 묻자 형재는 고개를 끄덕였다. 어쩐지 기분이 썩 나쁘지 않았다.

교실에 들어오자 민혜는 형재에게 숙제를 보여 달라고 졸랐다. 형재는 한숨을 푹 쉬며 말했다.

"아, 쫌! 네 친구한테 빌리라고!"

"또 그런다. 네가 내 친구잖아~!"

민혜는 억울하다는 듯 말을 이었다.

"그리고 내가 숙제를 일부러 하지 않은 게 아니란 말이야. 도

무지 기억이 안 나. 무슨 숙제가 있었는지. 생각이 나지 않는데 난들 어떻게 하겠어?"

민혜의 이야기를 듣고 형재는 무슨 생각이 났는지 가방에서 수첩을 꺼냈다. 민혜는 형재의 수첩을 보더니 조심스럽게 말했다.

"야, 안경잡이. 우리가 좀 친해지긴 했지만, 비밀까지 알려 주는 건 좀."

"으이구! 무슨 소리를 하는 거야. 이건 정리 수첩이라고!!"

형재 말은 정말이었다. 수첩 표지에는 '최강 으뜸 정리 수첩'이라고 적혀 있었다. 민혜의 눈이 휘둥그레지자 형재는 수첩을 들어 보이며 의기양양하게 말했다.

"자, 여기 뭐가 적혀 있는지 살펴봐. 너도 앞으로는 이렇게 수첩에 날짜별로 숙제나 준비물들을 적어. 그럼 절대 숙제를 까먹지 않을 거야."

"오, 간단하네? 근데 이게 정말 도움이 돼? 수첩도 좀 작고."

"간단한 것부터 시작해서 점점 변화해 가는 거지! 덜렁이가 단번에 꼼꼼해지겠어?"

"치, 날 뭘로 보고! 그깟 수첩 정리가 얼마나 큰 도움이 되겠어?"

"너 나한테 정리정돈 배우고 싶지 않냐?"

"윽, 알겠어. 알겠다고. 난 또 네가 매일같이 수첩을 쓰길래 비밀 일기인가 했어. 근데 색깔이 좀 여성스럽다. 분홍색이 뭐냐, 분홍색이?"

형재의 수첩에는 이미 다 완성한 숙제에 분홍색 줄이 그어져 있었다. 형재는 탁 소리 나게 수첩을 닫았다.

"됐어! 보기 싫으면 보지 마."

"아, 아니야. 농담이야. 삐치기는. 히히. 근데 수첩에 적었는데, 이걸 펴 보지 않을 수도 있잖아. 그럼 어떻게 해?"

"어떡하긴! 그러니까 집에 가자마자 이 수첩을 펴 보는 습관을 길러야지."

"습관? 에이~ 습관을 어떻게 길러?"

그러자 갑자기 민혜가 박수를 치며 말했다.

"오, 좋은 생각이 났어. 수첩 앞에 우은이 사진을 붙이면 되겠다. 그럼 자꾸 꺼내 보고 싶어질 테니까, 맞지? 그지?"

형재는 한숨을 내쉬며 고개를 절레절레 저었다.

공지시간이 되어 민혜는 앞으로 나갔다. 교실은 회의에서 결정한 대로 파란색으로 꾸미기로 했다. 세아가 추천하긴 했지만, 우은이도 좋아하는 색이었으므로 민혜는 파란색으로 꾸미는 것에 찬성했다. 민혜는 형재가 말한 대로 수첩에 공지사항을 적어 아이들에게 꼼꼼히 알려 주었다. 모두에게 교실을 꾸밀 물건 중 파란색과 관련된 것을 가져오라고 당부한 것이다. 덜렁대던 모습은 온데간데없이, 민혜가 야무지게 발표하자 아이들은 눈이 휘둥그레졌다. 효민이는 민혜에게 엄지손가락을 치켜세우기까지 했다.

"민혜야, 진짜 미화부장 같아!"

"당연하지. 그럼 내가 가짜 미화부장이겠니?"

효민이가 칭찬하자 민혜는 더 기분이 좋아졌다. 형재의 말은 하나부터 열까지 맞았다. 수첩을 쓰니, 정말 간단하면서 하나도 까먹지 않고 전달 사항을 말할 수 있었다. 덜렁이 민혜가 이렇게 무언가 빼먹지 않고 한 적은 처음이다. 그것은 정말이지 기분이 좋은 일이었다.

"민혜야, 너 진짜 잘한다."

민혜가 발표를 마치고 오자 우은이도 칭찬했다. 민혜는 우은이의 칭찬에 입이 귀에 걸렸다. 앞으로 더욱 열심히 수첩을 써야겠다는 생각이 들었다.

그날부터 임원 회의가 끝나면 형재와 민혜는 함께 집에 갔다. 형재는 여전히 까칠했지만 전보다 민혜에게 더 많은 걸 이야기했다. 형재도 자기 방법이 민혜에게 큰 도움이 된 것 같아 기분이 좋았다. 물론 민혜에게 절대 내색하지는 않았지만 말이다. 민혜는 들뜬 목소리로 말했다.

"형재야. 네가 도와주면 이제 내 방도 정리할 수 있을 것 같아."

형재는 민혜의 말에 등골이 오싹해졌다. 지난번에 본 민혜의 방이 떠올랐다. 형재는 머리를 도리도리 흔들었다.

"방 정리라니! 그게 세아를 이기는 거랑 무슨 상관인데?"

"다 상관이 있어! 필요한 것은 수첩에 적어서 다 준비해 둘게. 형재야! 도와줄 거지?"

형재는 싫다고 대답하려는데 민혜는 벌써 쌩하니 아파트 안으로 들어가 버렸다. 형재가 어이없게 바라보는데, 복도에서 민혜의 쩌렁쩌렁한 목소리가 들려왔다.

"이번 주 토요일 12시까지 우리 집으로 와! 꼭 와야 해! 히힛."
형재는 민혜의 말을 듣고 한숨을 내쉬었다.

정리대장, 형재의 정리정돈 비법 2
나만의 '으뜸 정리 수첩' 만들기

아무리 기억력이 좋다고 해도, 한번에 해야 할 일들을 다 기억해 내기는 쉽지 않아요. 기억력에만 의존하면 실수를 자주 하게 되지요.

학교와 학원에서 숙제나 준비물을 내줬다면 그것을 정리 수첩에 적으세요. 가방 앞주머니에 수첩을 넣고 다니면 언제 어느 때나 간편하게 꺼내서 메모할 수 있답니다.

숙제뿐만이 아니라, 약속이나 하고 싶은 일 등도 메모해 두세요. 그리고 집에 가서 목표 공책이나 정리 공책을 보고, 다른 일정에 맞춰 다시 깔끔하게 정리해 두면 됩니다.

수첩을 이렇게 써도 좋아요!

오늘 꼭 해야 할 일(THINGS TO DO)을 적어 봅시다.

전날 밤에 다음 날 해야 할 일을 미리 적는 것이지요. 그리고 다음 날이 되어 할 일을 다 마쳤다면, 별표를 그려 주세요. 별표가 많아지면 많아질수록 자기 할 일을 실수 없이 꾸준히 해 온 것이겠지요?

〈THINGS TO DO를 써 보자!〉

방 정리에 숨은 규칙 찾기!!

토요일 날, 민혜 엄마는 맛있는 간식거리를 잔뜩 만들었다. 엄마는 흥겨운지 콧노래까지 불렀다. 그도 그럴 것이 민혜가 오늘 친구들과 함께 자기 방을 대청소할 거라고 선포했기 때문이다. 그때 민혜가 수첩을 들고 방에서 나왔다.

"엄마~. 빗자루, 걸레, 쓰레기봉투, 먼지떨이 그리고 상자도 다 있어?"

민혜 엄마는 민혜가 들고 있는 수첩을 보았다. 민혜는 수첩을 들고 물품들을 하나하나 확인하고 있었다.

"세상에, 우리 민혜 맞아? 그 수첩은 뭐야?"

"뭐긴 뭐야. 으뜸 정리 수첩이지!"

민혜는 의기양양한 얼굴로 냉큼 대답했다. 엄마는 흐뭇하게 웃으며 간식을 차리고는 나갈 채비를 했다.

"그럼 엄마는 나갔다 올 테니까 이번에는 진짜 잘 정리해야 돼? 엄마, 기대해도 되지?"

"당연하지. 내가 정리 박사님까지 모셔 왔다고."

"정리 박사님?"

그때 벨소리가 들렸다. 엄마가 현관문을 여니 형재가 방독면 마스크를 한 채 여러 청소 도구를 들고 서 있었다.

"안녕하세요."

형재는 민혜 엄마에게 깍듯이 인사했다. 민혜의 엄마는 형재의 완전무장한 차림새에 놀라 얼결에 인사했다. 그런데 그때 엘리베이터가 열리고 효민이 내렸다. 효민이는 형재를 보고 우뚝 자리에 섰다.

"효민이도 왔구나."

"아주머니, 안녕하세요."

효민이는 민혜 엄마를 향해 공손히 인사했다. 민혜 엄마는 효민이를 반갑게 맞아 주고 외출했다. 민혜 엄마가 나가자 효민이는 얼른 민혜에게 다가가 작은 목소리로 물었다.

"형재가 여기에는 왜 왔어?"

"그게……."

형재는 방독면을 쓴 채로 청소 도구들을 들고 민혜의 집으로 들어섰다. 효민이는 그런 형재를 신기한 눈빛으로 보더니 민혜만 들리게 이야기했다.

"웬 방독면이야? 쟤 오늘따라 정말 이상하다."

"뭐라고?"

효민이의 말을 들었는지 형재는 효민이를 가자미눈으로 흘겨보았다. 민혜는 효민이의 옆구리를 찌르며 어색하게 웃었다.

"하핫, 효민아. 형재도 방 청소를 도와주러 온 거야. 이상한 게 아니고 친절한 거지."

"정말? 형재가 왜?"

"그게 설명하자면 길어. 여하튼 형재는 날 도와서 방을 정리해 주러 온 거야."

"근데 우리 지난번에 청소하지 않았냐? 또 정리해?"

"그때 어설프게 정리해서 다시 난장판이 되었거든. 형재가 정리를 잘하니깐 이번에는 잘 마칠 수 있을 거야!"

민혜와 효민이가 이야기하는 동안 형재는 청소 준비를 마쳤다. 장갑을 끼고 마스크까지 맨 형재를 보고 민혜는 감탄하며 물었다.

"우와, 마스크까지 한 거야? 내 방이 지저분하긴 해도 냄새는 안 나."

바로 그때 형재는 코를 킁킁거리며 한쪽에 놓인 봉투를 들췄다. 그 밑에는 먹다 남은 사과가 있었는데, 봉투를 들추자마자 사과에서 상한 냄새가 확 끼쳤다. 형재가 보란 듯이 손으로 사과를 가리키자 민혜는 민망한 듯 딴청을 피웠다. 뒤편에서 이 모습을 지켜본 효민이는 혀를 쯧쯧 찼다. 이렇게 민혜의 방 정리 프로젝트가 바야흐로 시작되었다!

1단계 : 쓸모없는 물건 버리기

"아, 쫌! 이건 진짜 안 돼!"

민혜가 무언가를 움켜쥐고 도망가자, 형재가 뒤쫓아 와 민혜의 손을 폈다.

"안 돼애애애애!"

민혜의 손바닥에는 웬 껌 종이가 들려 있었다. 효민이도 궁금한지 민혜에게 물었다.

"이게 뭔데?"

"이거, 작년에 우은이가 나 먹으라고 준 껌이란 말이야. 풍선껌. 내가 풍선을 불 때 얼마나 행복했는데."

민혜는 그때가 떠오르는지 행복한 얼굴이 되었다. 효민이는 그런 민혜를 보며 혀를 내둘렀다. 형재는 그저 황당할 뿐이었다. 형재의 눈에는 그저 껌 종이, 그것도 구겨질 대로 구겨진 쓰레기였기 때문이다. 민혜는 형재를 붙잡고 부탁했다.

"이것만! 응? 내가 진짜 잘 정리해 넣을게."

결국 형재는 껌 종이를 포기하고, 다른 곳을 정리했다. 그러다가 또 다른 껌 종이를 발견했다. 형재가 껌 종이를 쓰레기통에 버리려는 순간 민혜가 호들갑스럽게 말렸다.

"자, 잠깐만! 그 껌 종이! 우은이가 준 거 같아. 아니야. 이건가. 아! 분명히 둘 중에 하나인데."

민혜의 말에 형재의 눈이 슬슬 가자미눈으로 변하고 있었다. 바로 그때 효민의 목소리가 들렸다.

"민혜야, 혹시 이거 아니야? 우은이가 준 껌 종이 말이야."

효민의 손에도 껌 종이가 들려 있었다. 그리고 들려온 형재의 고함 소리!

"아, 그만! 세 개 다 쓰레기통으로! 집어넣어!"

2단계 : 성격에 맞게 물건 분류하기

형재와 민혜의 실랑이 끝에 쓰레기봉투는 배가 불룩하게 나와 있었다.

"이게 다 네 방에서 나온 거 맞아?"

효민이는 놀란 얼굴로 쓰레기봉투를 보았다. 망가지고 쓸모없는 물건들만 버렸을 뿐인데 민혜의 방은 상당히 깨끗해졌다.

"자, 다음은 분류하기!"

형재는 바닥에 장난감, 책, 옷 등을 하나씩 놓았다. 그러고는 민혜와 효민이에게 성격이 비슷한 물건끼리 줄을 세우라고 지시했다. 효민이는 작은 목소리로 민혜에게 물었다.

"근데 왜 쟤는 시키기만 해?"

민혜가 효민이의 말에 채 대답하기도 전에 형재가 큰 소리로 외쳤다.

"잡담은 그만하고 비슷한 물건끼리 분류한다! 실시!"

"실시!"

형재의 잔소리가 나올세라 민혜와 효민이는 서둘러 물건들을 분류하기 시작했다.

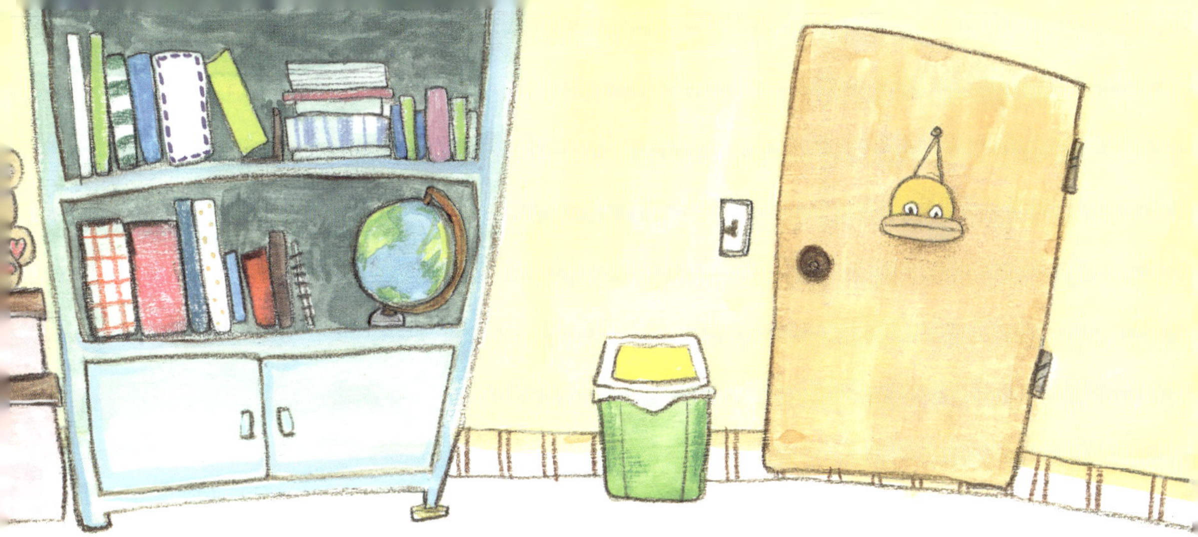

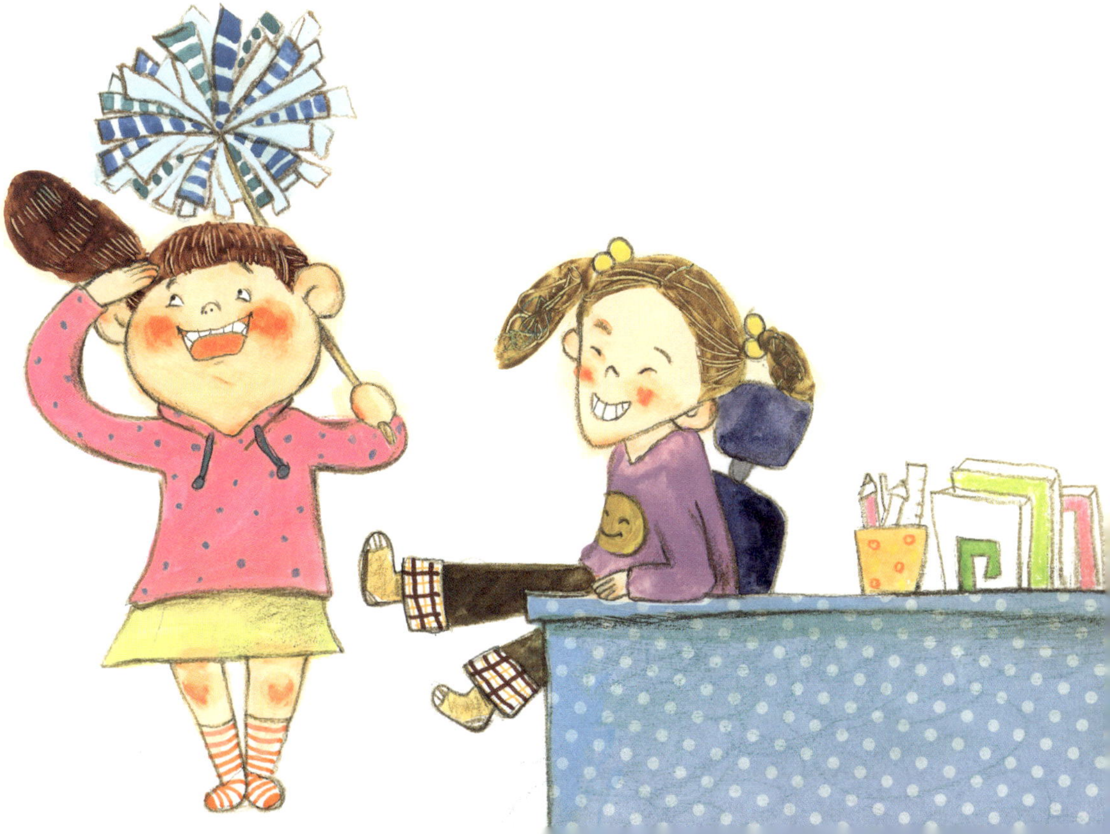

3단계 : 물건마다 제자리 정하기

"자, 이젠 제자리를 찾아 주자."

형재는 정리가 마무리되자 마스크와 장갑을 벗었다.

"물건의 제자리를 정해 주는 거야. 마치 집처럼 물건이 늘 있어야 될 곳을 정하는 거지. 자, 책은 어디가 제자리겠어?"

형재가 묻자 민혜가 냉큼 대답했다.

"당연히 내 베개 옆이지. 난 항상 책을 읽으면서 자거든."

효민과 형재가 동시에 고개를 저었다. 민혜는 두 사람의 반응에 발끈했다.

"진짜야! 이래봬도 난 독서 소녀라고. 책을 읽으며 마음의 양식을……."

민혜의 말이 다 끝나기도 전에 형재와 효민이는 책을 책꽂이에 꽂았다. 민혜는 허리에 두 손을 얹고 잔뜩 심통이 난 얼굴로 둘을 바라볼 뿐이었다.

4단계 : 자주 쓰는 것은 가까이에, 자주 쓰지 않는 것은 먼 곳에!

"자주 쓰는 것은 가까이에, 자주 쓰지 않는 것은 먼 곳에!"

형재의 구호를 듣자 민혜와 효민이는 마치 가훈 같다며 까르르 웃었다. 방 안이 깔끔하게 정리되자 형재도 기분이 좋아졌다. 민혜는 침대 머리맡 탁자에 우은이 사진이 끼어진 액자를 올려 두었다. 그 모습을 보자 형재는 기분이 상했다. 형재는 민혜가 보지 않는 틈을 타 우은이 사진이 담긴 액자를 뒤집어 놓았다.

"청소 끝!"

끝나지 않을 것 같던 청소가 드디어 끝이 났다. 다들 밝은 표정으로 간식을 먹으려는데, 민혜가 형재의 안경을 유심히 살펴보았다.

"어머! 형재야, 안경에 뭐가 묻었어. 이리 줘. 내가 닦아 줄게."

"돼, 됐어. 너 손도 닦지 않았잖아."

"괜찮아! 내 손은 깨끗해."

애써 거절하는 형재의 손을 뿌리치고 민혜는 안경을 잡았다.

"내가 잘 닦아 줄게. 나 이제 정리정돈의 신이야, 신!"

"아, 됐어!"

형재는 민혜의 손에서 얼른 안경을 빼앗아 자신의 옷으로 닦았다. 민혜는 휘둥그레진 눈으로 형재를 보았다.

"오잉? 안경 손수건으로 닦지 않아도 돼?"

그 말에 형재도 깜짝 놀라 자신의 손을 보았다. 민혜는 조금 털털해진 형재가 신기했다.

정리대장, 형재의 정리정돈 비법 3
물건을 찾는 일에도 요령이 있다구!

자, 이번엔 물건을 빨리 찾는 달인이 되어 볼까요? 아침에 지각할 만큼 바쁜데도, 꼭 필요한 준비물이 보이지 않아 시간을 낭비한 적이 있다고요? 그건 바로 나만의 물건 찾는 방법이 없기 때문이랍니다. 자기만의 물건을 두는 방법을 정해 둔다면, 헤매지 않고 물건을 빨리 찾을 수 있어요.

==1) 자주 찾는 물건을 가깝고 잘 보이는 곳에 두고, 자주 찾지 않는 물건은 좀 떨어진 장소에 두세요.== 예컨대 자주 들여다보지는 않지만 간직하고 싶은 추억이 담긴 물건이나, 잘 보관해야 하는 물건들은 포장해서 수납장 안쪽에 놓아도 됩니다.

==2) 옷은 색깔별로 혹은 계절별로 분류해도 좋아요.== 또한 전날 밤에 다음날 무엇을 입을지 미리 코디를 해 놓고 잔다면 다음날 아침에 무엇을 입어야 할지 고민하지 않고 옷을 찾을 수 있지요.
양말과 속옷은 매일 갈아입는 것이니 손쉽게 열고 닫을 수 있는 수납장이나 옷장에 두세요. 이렇게 하면 아침에 엄마의 도움 없이도 혼자 준비를 마칠 수 있어요.

3) **지금 읽고 있는 책 위주로 책상에 꽂아 두세요.** 가까운 곳에 책이 있으면 쉽게 꺼내 볼 수 있어서 독서량도 늘게 됩니다. 잠자기 전에 책을 읽는 습관이 있다면 침대 머리맡에 책 한 권을 두어도 좋아요. 단 자기 전에 책을 많이 읽겠다며 여러 권을 두는 것은 안 된답니다.

정리정돈 덕에 성적까지 쑥쑥!!!

다음 날 민혜는 학교에 일찍 도착했다. 아침에 준비물과 책을 손쉽게 챙긴 덕분이었다. 그것만이 아니었다. 민혜는 1교시에 있을 숙제 검사를 위해 공책을 꺼냈다. 민혜는 공책을 준비하고는 형재를 흘끔 보며 헛기침을 했다.

"에헴, 음. 이 숙제가 맞나?"

그러자 형재는 읽던 책을 내려놓고는 민혜를 보았다. 민혜는 형재가 숙제 준비를 잘해 온 것을 칭찬해 주기를 바라는 마음으로 씩 웃었다.

"기침 나면 약 먹어. 네가 켁켁 거려서 책을 읽을 수가 없어."

민혜는 형재의 말에 인상을 찌푸렸다.

"으휴, 밉상! 뭐 달라진 거 없냐고!"

형재는 그제야 민혜의 의도를 알았다는 듯 말했다.

"어제 교과서는 다 찾았으니 숙제도 빼먹지 않고 했겠네. 그럼 내 공책을 빌려서 낙서하는 일도 없을 테고."

민혜는 자신이 형재의 공책에 낙서를 남긴 일이 떠올랐다.

"아, 그때는 좀 더 잘해 보자는 뜻으로 한 거였는데. 하핫."

민혜는 어색하게 웃다가 얼른 자리를 고쳐 앉았다. 형재도 말은 까칠하게 했어도 민혜가 숙제를 잘해 오자 기분이 좋았다. 민혜는 가방에서 수첩을 꺼내 형재를 보여 줬다.

"이것 봐라. 어제 정리 수첩을 적은 거야. 나 정말 잘하지 않았어?"

"뭐 알려준 대로 했네~."

"어제 숙제하다가 내친 김에 예습도 했다니까?"

"음. 그건 좀 믿기 어려운데?"

"정말이야~! 공책 정리를 하니깐 막 의욕이 더 생기더라고. 하긴 나도 신기하긴 해. 히힛."

이윽고 수업

종이 울리고 선생님이 들어오셨다. 곧이어 숙제 검사가 시작되었다. 민혜는 숙제 검사도 잘 받았을 뿐더러 발표도 잘해서 제법 좋은 점수를 받았다. 신기하게도 정리와 준비만 꼼꼼히 했을 뿐인데, 수업 시간에도 더욱 집중할 수 있었다. 놀라운 일은 그것만이 아니었다.

민혜가 수학 쪽지 시험을 무려 100점 맞은 것이다. 세아와 함께 민혜는 만점을 받아서 앞에 나와 아이들의 박수를 받았다. 선생님께 칭찬받는 민혜를 보자, 형재도 덩달아 기분이 좋아졌다.

수업이 끝나고 쉬는 시간이 되었다. 형재는 화장실을 다녀왔는데, 자신의 자리 주변이 북적이고 있었다. 자세히 보니 민혜의 자리에 효민이와 우은이가 와서 신 나게 이야기하고 있었다. 형재는 우은이가 신경 쓰였다.

'쟤는 왜 맨날 여기 와서 떠드는 거야?'

형재는 자리에 앉아 책을 펼쳤다. 그런데 눈은 책을 향했지만, 귀는 옆자리의 이야기에 신경이 쏠려 있었다. 우은이의 목소리가 들렸다.

"민혜야. 너 요새 선생님한테 칭찬을 너무 많이 받는 거 아니야? 이러다가 우리 반 1등까지 할 것 같아."

"아니야, 아직 부족하지 뭐."

민혜가 볼을 살짝 붉히며 말하자 형재는 괜히 심통이 나서 벌떡 일어났다.

"그럼, 아직 부족하지. 것도 아주 많이!"

형재는 민혜에게 톡 쏘아붙이고는 교실을 나갔다. 민혜는 얼떨떨한 표정으로 형재를 봤다.

"쟤 왜 그래? 너랑 싸웠어?"

효민이가 민혜에게 물었지만, 민혜도 영문을 모르는 건 마찬가지였다.

오늘은 세아가 학원에 가서 회의가 없는 날이다. 민혜는 가방을 연신 만지작거리며 우은이를 살펴보았다. 오랜만에 우은이와 함께 집에 가고 싶었기 때문이다. 우은이는 민혜의 마음도 모르고 세아랑 이야기하고 있었다. 민혜는 투덜거리며 혼잣말했다.

"둘이서 무슨 이야기를 그렇게 하는 거야?"

이윽고 세아가 교실을 나갔다. 그리고 우은이가 가방을 메고 민혜에게 다가오는 것이 아닌가? 민혜는 냉큼 가방을 들고 일어섰다. 바로 그때 형재가 가방을 메고 일어서며 말했다.

"야, 덜렁이. 집에 안 가냐? 오늘 숙제도 많으니까 얼른 가자."

마치 민혜와 함께 가려는 것 같은 형재의 모습에 우은이는 멈칫했다. 그러고는 알겠다는 듯 이야기했다.

"아, 맞다! 형재랑 같은 아파트라고 했지? 그럼 민혜야, 잘 가고 내일 보자."

우은이는 웃으며 교실을 나갔다. 민혜는 화들짝 놀라서 우은이를 향해 외쳤다.

"우은아! 아, 아니야!"

하지만 이미 우은이는 교실을 나간 다음이었다. 민혜는 울상이 되어 형재를 쩨려보았다.

"야, 안경잡이. 우리가 언제부터 집에 같이 갔냐? 응?"

민혜가 툴툴거리자 형재는 어깨를 으쓱 하며 교실 밖으로 나가 버렸다.

언제나 즐거운 하굣길인데 오늘은 분위기가 달랐다. 어제와 다르게 민혜와 형재는 거리를 두고 걸었다. 뒤에서 걷던 민혜가 형재에게 소리쳤다.

"야, 안경잡이! 같이 가! 화났냐?"

하지만 형재는 대답이 없었다.

"치. 그런 걸로 삐치냐? 내가 우은이랑 가려고 했는데 네가 끼

어드는 바람에 못 갔잖아. 눈치가 없어, 눈치가."

민혜가 투덜거리자 형재가 휙 뒤돌더니 민혜에게 걸어왔다.

"내가 뭘? 집에 같이 가자는 게 잘못이야?"

형재가 조리 있게 따지자 민혜는 마땅히 대꾸할 말이 없었다. 형재는 생각할수록 민혜가 괘씸한지 목소리를 더욱 높였다.

"그리고 우리가 요새 정리정돈 때문에 같이 갔으니깐 당연히 집에 가자고 말하지!"

"아니, 그건 그렇지만……."

"아, 됐어. 그럼 앞으로 정리를 도와주는 걸 그만할게. 우은이랑 해."

형재는 더 말하기 싫다는 듯 저만치 뛰어가 버렸다. 형재의 폭탄선언에 민혜는 당황스러워하며 말을 더듬었다.

"야, 야! 그, 그런 말이 아니잖아! 안경잡이! 이형재!"

그러나 이미 형재는 골목길을 벗어나 버렸다. 텅 빈 골목길에 민혜의 목소리만 울려 퍼졌다.

다음날 민혜는 아침 일찍 학교에 왔다. 교실에 형재가 먼저 와 있자 괜스레 어색한 기분이 들었다. 민혜는 자리로 가지 못하고 효민이 쪽으로 와서 형재의 눈치를 살폈다. 효민이는 그런 민혜를 보고 넌지시 물었다.

"야, 너네 또 싸웠어?"

"아, 몰라. 싸운 게 아닌데."

"근데 왜 그래? 뭔지 몰라도 화해해. 형재가 네 방 청소도 도와줬잖아."

효민이의 말에 민혜는 고개를 끄덕였다. 하지만 형재에게 무슨 말을 꺼내야 할지 생각이 나지 않았다. 어렵사리 자리로 갔지만 형재의 분위기는 냉랭했다. 민혜는 형재에게 말을 붙일 용기가 나지 않았다. 그렇게 형재와 민혜는 한마디도 하지 않고 하루를 보냈다.

방과 후 미화 시간이 되었다. 우은이와 세아, 그리고 민혜와 형재가 교실에 모였다. 예전과 달리 민혜와 형재 사이가 냉랭해서 우은이도 눈치를 보고 있었다. 하지만 이에 굴할 세아가 아니었다. 세아는 피곤하다는 듯 말을 꺼냈다.

"민혜야. 내가 오늘 피아노 레슨이 있어서 회의를 빨리 끝냈으면 해."

"세아야. 왜 항상 우리가 네 일정에 맞춰야 하니?"

형재 때문에 신경이 날카로워진 민혜는 쌀쌀맞은 목소리로 말했다. 그러자 우은이가 놀라서 민혜를 바라보았다.

"그리고 미화부장은 나야. 네 아이디어대로 할지는 아직 결정

된 것이 아니야."

민혜가 딱 잘라 말했다. 그러자 세아는 어느새 천사표 얼굴이 되어 말했다.

"미안. 난 그냥 도움이 되었으면 해서."

또다시 가면을 쓴 듯한 세아를 보니 민혜는 슬슬 화가 났다. 민혜는 더욱 쏘아붙였다.

"오늘 레슨에 가야 되면 먼저 가. 네가 없어도 우리가 할 수 있으니까."

갑자기 어디서 이런 용기가 나온 것인지 알 수 없었다. 민혜의 말을 듣자 세아도 슬슬 화가 나는지 불쾌한 얼굴이 되었다. 그러자 이번에는 우은이가 나섰다.

"민혜야, 왜 그래? 너랑 형재가 싸운 건 알겠는데, 그래도 세아한테 화풀이 하는 건 아니잖아."

"난 매번 세아의 시간에 맞춰서 회의하는 게 잘못됐다고 말하는 거야. 왜 여기서 형재랑 싸운 이야기가 나오는 건데?"

"지금 세아한테 갑자기 화를 낸 건 너였어. 분위기를 이렇게 만든 것도 너고."

세아의 본 모습을 절대 알 리 없는 우은이는 이번에도 세아 편을 들었다. 민혜는 그런 우은이가 서운해서 입술을 깨물었다. 그때 형재의 목소리가 들렸다.

"그게 아니잖아. 우리가 세아의 일정에만 맞추는 게 잘못됐다고 말하는 거잖아."

모두의 시선이 형재에게 쏠렸다. 침착한 형재의 표정에 우은이는 달리 대꾸하지 못했다. 형재는 차분한 목소리로 말했다.

"나는 민혜 말이 맞다고 봐. 앞으로 세아 일정에 맞춰서 모이는 건 나도 반대야. 너희가 싫다면 아예 교실을 반으로 나눠서 이쪽은 나랑 민혜가 꾸밀 테니, 저쪽은 너희가 맡아서 해."

형재의 의견에 세아가 화를 누르며 대답했다.

"좋아. 나도 그게 편하겠어. 일일이 시간을 이야기하는 거 나도 힘드니까."

세아가 우은이를 바라보자 우은이도 고개를 끄덕였다. 하지만 민혜는 이런 상황이 반가울 리 없었다. 민혜는 당황스러운 표정으로 형재를 바라보았다. 이제 겨우 방 정리를 하는 수준인데 교실의 절반을 꾸며야 하다니! 민혜는 형재의 생각을 알 수 없었다. 아니 그보다 무슨 수로 장세아를 이긴다는 말인가!

정리대장, 형재의 정리정돈 비법 4
공책 정리를 기똥차게 하는 방법은?

1) 색깔펜을 이용해서 중요 부분 강조하기

필기한 내용 중에 정말 중요한 부분은 색깔 펜을 써서 강조 표시를 합니다. 단, 너무 여러 가지 색을 사용하면 필기 내용이 복잡해져서 오히려 알아보기가 어렵답니다. 색은 2~3가지를 넘지 않도록 주의해요.

색깔 펜을 쓸 때는 규칙을 정해서 쓰는 것이 좋아요.

'암기할 것'- 빨간색, '예상 문제'-파란색 등으로 구별한다면 색만 보고도 얼마나 중요한지 금방 알 수 있겠지요?

2) 분류 스티커를 붙여서 한눈에 필요한 부분을 펼칠 수 있도록 하기

전화번호부처럼 과목별 공책에다 분류 스티커를 붙여 보세요. 공책 옆 귀퉁이에 분류 스티커를 붙여서 해당 내용의 주제나 제목을 적어 두는 것이에요.

각 장별로, 혹은 주제별로 스티커를 붙여 놓으면 공책에서 원하는 내용을 찾기도 쉽고, 공책 안에 어떤 공부 내용이 있는지도 한눈에 들어옵니다.

3) 글씨 크기로 단원 제목과 중간 제목, 소제목 등을 분류하기

단원 제목은 가장 큰 주제이자 긴 내용을 포괄하는 하나의 이름이니까 가장 큰 글씨로 적어 보세요. 가장 큰 글씨로 단원 제목을 적으면, 단원별로 금세 내용을 찾을 수 있겠지요.

단원에 포함된 중간 제목들은 단원 제목보다는 작은 글씨로 표기하고, 소제목과 내용 정리는 평소 쓰는 글씨 크기로 정리해 봅니다. 이렇게 글씨 크기를 다르게 해서 표기하면 공책 정리가 훨씬 깔끔해지고, 더욱 짜임새 있습니다.

공책 정리를 하는 자신만의 방법을 만들어 보세요. 공책 정리를 훨씬 더 재미있고 효율적으로 할 수 있어요.

민혜 VS 세아, 정리정돈의 결전 한 판!

다음날 아침, 민혜는 아파트 경비실 앞에 서 있는 형재를 보았다. 민혜가 다가가자 형재는 뭔가 할 말이 있는지 쭈뼛대며 우물쭈물 거렸다.

"나한테 할 말 있어?"

민혜가 심드렁하게 묻자 형재는 어렵사리 입을 열었다.

"어제는… 미……."

형재가 너무 작은 목소리로 말한 탓에 민혜는 형재의 말을 들을 수가 없었다. 민혜는 대뜸 형재의 말을 끊고 이야기했다.

"안경잡이. 내 말부터 들어 봐. 어제는 고마웠어. 또 나만 억울한 뻔했는데 말이야. 그리고 네가 내 정리 스승님인데 짜증 내서

미안해. 내가 좀 덜렁거려서 그래. 네가 이해해 주라. 히히."

민혜는 먼저 웃으며 말했다. 형재는 민혜의 사과에 결심했다는 듯 단호한 표정을 지었다.

"나도 짜증 내서 미안하다!"

형재의 목소리는 아파트 복도에 울려 퍼졌다. 자신도 모르게 너무 큰 목소리로 말해 버려 형재는 깜짝 놀랐다. 창피함이 몰려와 얼른 가려는데, 민혜가 형재의 어깨를 잡았다. 형재가 움찔하자 민혜가 손을 내밀었다.

"자, 화해의 악수. 얼른!"

민혜가 재촉하자 형재는 엉겁결에 손을 잡았다. 민혜는 흡족하게 웃었다.

"자, 그럼 가 보실까? 미화부장 우민혜 님의 실력을 보여 주자고!"

민혜는 힘차게 걸음을 내딛었다. 내일은 바로 '교실 꾸미기 대회' 심사가 있는 날이다. 민혜는 세아를 이기고 싶기도 했지만 정말 교실을 잘 꾸미고 싶어졌다. 교실을 깔끔하게 정리하고 예쁘게 꾸며서 대회에서 1등을 하고 싶었다.

　방과 후 미화 시간에는 민혜와 세아, 형재와 우은이 남았다. 책상 위에는 아이들이 가져온 여러 장식물들이 놓여 있다. 얼마 전 민혜가 당부한 준비물들이었다. 파란색 장식물들을 보며 민혜는 얼른 교실을 꾸미고 싶어졌다. 파란색 바구니, 파란색 벽걸이, 파란 스머프 인형까지, 예쁜 물건들이 아주 많았다.
　세아는 그런 민혜를 보며 코웃음을 쳤다. 그러고는 가방에서 도화지를 꺼냈다. 도화지에는 교실 절반 공간을 어떻게 꾸밀지에 대한 밑그림이 그려져 있었다. 세아는 교실 뒤편에 정리함을 만들고, 칠판 옆에 필기도구를 모아 두는 통을 만들 생각이었다. 주로 '정리함'을 만들어서 보관하는 방식이었다. 우은이도 밑그림을 함께 그렸다. 둘이서 쉬는 시간 동안 머리를 맞대고 있던 이유가 바로 이것이었다. 민혜는 세아의 밑그림을 보자 더욱 경쟁심에 불타올랐다. 형재는 세아의 준비성을 남몰래 감탄했다.
　"여기 물건들을 기준으로 교실의 왼쪽은 내가 맡을게. 오른쪽은 네가 맡아."
　민혜가 말하자 세아는 고개를 끄덕였다. 자신만만한 세아의 표정에 민혜는 주먹을 불끈 쥐었다.

"내가 어젯밤에 계획을 짜 봤어."

형재는 청소용 장갑을 끼더니 종이 몇 장을 펼쳤다. 형재 역시 교실 도면을 그려 온 것이었다. 민혜는 입이 떡 하니 벌어졌다.

"야, 이거 다 네가 그린 거야? 정말 대단해. 건축가 같아."

민혜의 칭찬에 형재는 기분이 좋아졌지만, 애써 티를 내지 않고 설명을 이었다.

"결국 아이디어 싸움일 거야. 비 오는 날에 우산을 꽂을 수 있는 우산꽂이가 교실 뒷문에 있으면 좋을 것 같아."

"맞아. 나도 맨날 우산을 아무데나 두어서 잊어버렸거든."

"넌 뭐 생각해 둔 거 없어?"

"그게, 나도 한 가지 생각한 게 있긴 한데……."

민혜는 두 눈을 빛내며 형재에게 말했.

쿵쾅, 찌이직.

바로 그때 요란한 소리가 들려왔다. 고개를 돌리니 세아와 우은이가 상자를 이용해서 정리함을 만들고 있었다. 헌 책꽂이에 정리함을 넣으니 전체적으로 책꽂이가 한결 깔끔해졌다. 책장의 옆면은 파란색으로 칠하고 조개껍질을 붙여 장식했다. 마치 바닷속을 보는 것 같았다.

"뭐야, 쳇. 예쁘잖아……."

민혜는 슬그머니 속내를 이야기하자 형재가 대꾸했다.

"우리가 더 잘하면 되지. 근데 너 아까 말하려던 아이디어가 뭐야?"

"아, 그거. 아이들이 좋아하는 사람한테 고백할 수 있도록 편지함을 만드는 거야. 파란색 편지함."

형재는 아무 말이 없었다. 민혜는 형재의 눈치를 슬슬 살피며 말했다.

"아니, 꼭 하자는 건 아니고. 뭐가 특별한 것이 있으면 좋을 것 같아서."

"좋은데? 다른 반에서는 아마 이런 걸 생각하지 못했을 거야."

형재가 칭찬하자 민혜는 금세 기분이 좋아졌다. 미리 그려 온 편지함 밑그림을 가방에서 꺼내 형재에게 보여 줬다. 형재는 그림을 보고 물건들 가운데 나무 상자를 하나 골랐다.

"이걸로 만들어 보자!"

"그래! 히힛. 재밌겠다! 우체부는 미화부장인 우은혜 님이!"

형재와 민혜는 나무 상자를 파란색으로 칠했다. 민혜도 세아네가 한 것처럼 바닷속 풍경을 그려 넣기로 했다. 민혜는 상자에 금붕어, 오징어 등 다양한 바다 생물들을 그려 넣었다. 다른 곳을 꾸미던 형재의 눈에 문득 나무 상자에 그려진 안경을 쓴 오징어가 들어왔다.

"야, 무슨 오징어가 안경을 쓰고 있어?"

"히히, 누구랑 닮은 것 같지 않아?"

민혜가 웃으며 말하자 형재는 의아한 표정을 지었다.

"너잖아. 안경잡이 오징어. 푸힛. 귀엽지 않아?"

형재는 가자미눈으로 민혜를 흘겨보았다. 그러다 까르르 웃는 민혜를 보고 자기도 모르게 웃음이 터져 나왔다.

2시간쯤 지났을까? 세아와 우은이는 정리를 마치고 사이좋게 집으로 갔다. 열심히 교실 뒷벽을 꾸미던 민혜는 세아가 정리한 쪽을 힐끔 보았다. 세아와 우은이가 맡은 부분은 완벽하게 정리되어 있었다. 한눈에 봐도 교실 구석구석까지 말끔하게 정돈된 느낌이었다. 파란색 정리함 안에는 보기 싫은 물건들이 모두 다 들어가 있었다. 잘 정돈된 반쪽을 보니 민혜는 갑자기 자신감을 잃었다.

"우리가 맡은 부분이랑 비교되면 어떡하지? 덜렁이 우민혜가 해서 그런 거라고 놀리면 어떡해?"

"아직 결과는 모르는 거잖아. 일단 할 수 있는 데까지 열심히 해 보자."

형재의 말에 민혜는 고개를 끄덕였다. 얼마 후 민혜는 집 모양의 우체통을 완성했다. 교실 뒷벽의 가운데에 우체통을 걸어 두었다. 교실에 들어오면 가장 먼저 우체통이 보이도록 한 것이다.

민혜는 우체통의 앞에 직접 쓴 푯말을 매달았다. 푯말에는 '좋아하는 사람에게 편지를 쓰세요. 우체부 우민혜가 배달합니다!'라고 적혀 있었다. 앙증맞은 우체통을 보며 형재와 민혜는 미소를 지었다.

"아, 다 했다!"

형재는 기지개를 켜며 자리에서 일어났다. 교실의 창밖으로 노을이 지고 있었다. 민혜는 걸레를 들고 교실에서 정리가 덜된 곳은 없는지 두리번거리고 있었다. 그 모습을 보고 형재는 피식 웃었다.

"근데, 너 덜렁이 우민혜 맞냐?"

형재가 말하자, 민혜가 눈을 동그랗게 뜨며 형재를 봤다.

"덜렁이 우민혜가 교실을 꾸미고 정리까지 마치다니! 역시 스승님을 잘 둔 덕분인가?"

형재가 어깨를 으쓱대며 말하자 민혜는 실눈을 뜨고 말했다.

"이게 안경잡이 너지, 가자미 눈! 히히."

민혜가 형재를 흉내 내자 형재는 크게 웃음을 터뜨렸다. 교실 안에 형재와 민혜의 웃음소리로 가득 찼다. 깔끔하게 정리되고,

반짝반짝 윤이 나는 교실을 보니 민혜는 가슴이 뿌듯해졌다. 내일의 결과와 상관없이 홀가분한 기분에 날아갈 것만 같았다.

정리대장, 형재의 정리정돈 비법 5
정리정돈 대왕들에게 노하우를 배워 보자!

깔끔쟁이 세아의 노하우는 바로!! 〈정리함 만들기〉

안녕, 난 장세아야. 내 정리정돈 노하우가 뭔지 알려 줄게!
바로 정리함을 사용해서 물건과 공간을 정리하는 거야.
항상 잡동사니들이 많아서 방이 어지러워지잖아. 예를 들면, 장난감이나 입지 않는 옷들, 오래된 물건들 말이야. 모두 버릴 수도 없지만 그냥 두면 너무 지저분하지. 그럴 때는 정리함을 만들어서 거기에 보관해. 분리수거함처럼 물건의 성격별로 정리함을 나눠서 쓰는 거야. 정리함 뚜껑에는 스티커를 붙여서 안에 무엇이 들어 있는지를 표시해야 돼.
그럼 방 안도 깔끔해지고, 같은 물건들끼리 정리함에 들어 있으니, 찾기도 편하지.

꼼꼼이 형재의 노하우는 바로!! 〈오답 공책 만들기〉

안녕, 나는 공부할 때 필요한 정리정돈 노하우를 알려 줄게.
문제를 풀 때는 매번 비슷한 부분에서 틀리는 경우가 많아. 해당 내용을 잘 모르고 있거나, 그 문제 유형에 내가 서툴기 때문이지. 그래서 난 따로 오답 공책을 만들어 놓아.

오답 공책은 공부하면서 틀린 문제나, 잘 이해되지 않는 문제를 따로 풀어 놓는 공책이야. 오답 공책은 왜 이 문제가 어렵게 느껴지는지 감상을 적어 놓고, 문제의 자세한 풀이 과정과 실수하기 쉬운 부분을 표시해 두는 거야.

왜 이 문제를 틀렸는지 알 수 있고 빠른 시간 안에 복습할 수 있어서 좋아. 이렇게 오답 공책을 만들고 시험 보기 전에 이 공책만 잘 살펴보면 매번 틀렸던 문제에서 또 틀리는 일은 없을 거야.

정리 대왕
우민혜라고 불러 줘!

 아침이 되자 민혜는 알람이 울리기도 전에 벌떡 일어났다. 오늘은 바로 결전의 날이다. 민혜는 세수하고 머리를 가지런히 빗고 어제 미리 챙겨 둔 옷을 입었다. 모든 준비를 깔끔히 마친 다음 가방을 들고 밖으로 나섰다. 마침 아파트 문 앞에는 형재가 서 있었다. 민혜는 형재를 보고 반갑게 뛰어왔다. 형재 앞에 와서 숨을 몰아쉬는 민혜를 보고 형재가 물었다.
 "근데 왜 이렇게 학교에 일찍 가자는 건데?"
 "혹시 빠뜨리고 정리를 못한 곳이 있으면 어떡해. 아침에 한 번 더 살펴보려고."
 민혜의 말에 형재는 놀란 토끼 눈을 했다.

"아무리 생각해도 이제 넌 덜렁이 우민혜가 아닌 것 같아."

형재의 말에 민혜는 배시시 웃었다.

아이들이 하나둘 교실에 들어오며 파란색으로 꾸며진 교실을 보고 저마다 탄성을 질렀다. 금세 시끌벅적해진 교실에는 이미 세아와 민혜가 교실을 반으로 갈라 따로 꾸몄다는 이야기가 퍼져 나갔다. 아이들은 양쪽을 비교하며 이야기를 주고받았다. 아이들의 반응에 민혜는 저절로 신경이 쓰였다. 얼마 후 선생님이 들어오셨다.

"교실을 예쁘게 꾸며 준 미화부장과 반장, 부반장들한테 큰 박수를 쳐 줍시다."

선생님의 말씀에 아이들은 모두 박수를 쳤다. 보통 때라면 민혜는 호들갑스럽게 고맙다고 했겠지만, 이번만큼은 얌전히 앉아 있었다. 그만큼 긴장되었기 때문이다.

그때 옆 반에서 아이들의 함성 소리가 들렸다. 심사위원인 교장 선생님과 교감 선생님이 교실로 들어오신 것이다. 민혜는 갑자기 불안한 생각이 들었다. 세아와의 한판 승부도 중요하지만, 다른 반들과의 경쟁에서 이기는 것 또한 중요하다.

'혹시 상을 타지 못하면 어떡하지? 아이들이 실망하면 어떡

해?'

민혜의 두 손에 땀이 찼다. 바로 그때 형재의 목소리가 들렸다.

"괜찮아. 정리대왕 스승님한테 배웠으니까 무조건 1등이야."

형재는 민혜를 향해 엄지손가락을 치켜들었다. 형재의 말에 민혜는 긴장이 조금 풀렸는지 살풋 웃었다.

잠시 후 민혜네 반에 교장 선생님과 교감 선생님이 들어오셨다. 반 아이들은 큰 박수와 환호로 맞이했다.

"우와, 이 반은 마치 푸른 바닷속에 와 있는 것 같네요?"

교장 선생님은 안경을 추켜올리며 주변을 살폈다. 그러고는 교실 뒤편으로 와서 민혜와 형재가 만든 우편함을 가리키며 물었다.

"이건 우편함인가요?"

교감 선생님도 우체통의 아이디어가 재미있는지 살펴보셨다.

"여기 좋아하는 사람한테 편지를 쓰라고 적힌 것을 보니, 맞네요. 우체부도 있으니 편지도 배달되겠네요. 허허."

교장 선생님과 교감 선생님은 우편함이 다른 반에는 없는 좋은 물건이라면서 칭찬했다. 친구들에게 편지를 많이 써서 우체부가 잘 전달했으면 좋겠다고 당부도 하셨다. 민혜는 교장 선생님의 말씀에 기분이 날아갈 것 같았다.

교장 선생님과 교감 선생님이 교무실로 돌아가신 후 쉬는 시간이 되었다. 종례가 열리면, 교실 꾸미기 대회의 결과가 발표될 것이다. 민혜는 초조한 얼굴로 앉아 있었다. 세아도 긴장이 되었는지 표정이 살짝 굳어 있었다. 종례 시간이 되자 선생님은 얼른 TV를 켰다. 화면에는 결과를 발표하기 위해 교장 선생님이 나와 있었다.

"교실 꾸미기 대회를 위해 열심히 노력한 학생 여러분들에게 큰 박수를 보냅니다. 모두 열심히 잘해 주었지만, 아쉽게도 1등은 한 반만 선정되었답니다. 바로……."

쿵쿵쿵.

민혜의 심장이 뛰기 시작했다. 민혜는 눈을 질끈 감았다.

"4학년 3반입니다!"

바로 민혜의 반이었다! 그 순간 민혜의 귀에 아이들의 함성 소리가 들렸다. 민혜는 눈을 뜨고 형재를 바라보았다. 형재도 신이 나서 박수를 치고 있었다. 민혜는 그제야 1등이 실감났다. 민혜는 벌떡 일어나 만세를 부르고, 아이들과 손뼉을 쳤다. 호들갑스럽게 세리머니를 하는 민혜를 보고 형재도 기쁘게 웃었다.

한편 세아는 당연한 결과라는 듯 도도한 표정이었다. 민혜는 세아에게 다가가 말을 걸었다.

"고마워. 네 덕에 우리 반이 1등을 한 것 같아. 괜히 전교 1등이 아니었어. 장세아!"

민혜의 말에 세아는 의외라는 표정을 지었지만, 곧 냉랭한 표정으로 말했다.

"너도 생각보다 나쁘진 않았어. 혹시 망칠까 봐 걱정했는데 그런대로 괜찮았어."

민혜는 세아의 말이 칭찬인지 헷갈렸지만 신경 쓰지 않고 웃었다. 세아는 그런 민혜의 반응이 오히려 더 거슬리는지 눈썹이 꿈틀거렸다. 민혜는 마침 자리에 온 우은이와 마주쳤다. 우은이는 어색하게 민혜에게 축하 인사를 건넸다.

"민혜야, 잘 해낼 줄 알았어. 우편함 아이디어도 정말 좋았어!"

"너랑 세아랑 많이 도와줘서 가능했지. 고마워."

민혜는 밝게 웃으며 대답했다. 우은이는 민혜에게 뭔가 더 말을 건네려 했지만 바로 그때 민혜의 눈에 형재가 들어왔다. 형재는 여느 때처럼 책을 보고 있었다. 민혜는 형재에게 다가갔다. 그래서 우은이는 말을 꺼내지도 못하고 멀뚱히 서 있었다. 민혜가 다가오자 형재는 씩 웃으며 근엄한 목소리로 말했다.

"덜렁이, 이제 그만 하산해도 좋다."

민혜는 무슨 말인지 몰라 갸우뚱거리자 형재는 답답하다는 듯 말했다.

"스승이 제자한테 '하산(下山)'하라고 말하잖아. 산에서 내려가라고. 이제 더 이상 가르칠 것이 없다고."

"뭐래. 내가 언제 산에 올라갔다고 그래?"

민혜가 엉뚱한 말을 하자 형재는 고개를 설레설레 저었다. 민혜는 머리를 긁적였다.

다음날 아침, 민혜의 아침 풍경이 확 달라졌다. 민혜의 책상 위에는 어젯밤 미리 챙겨 둔 준비물들이 가지런히 놓여 있다. 정리 수첩에는 각 준비물을 챙긴 후 체크한 표시가 되어 있다. 책가방에는 오늘 수업의 교과서와 공책이 차곡차곡 들어 있다.

민혜는 세수한 다음 미리 챙겨 둔 옷과 양말을 신고 여유롭게

거실로 나섰다. 이젠 더 이상 시간이 부족해서 서두를 필요가 없다. 미리 물건을 준비한 덕에 허비하는 시간이 거의 없어졌기 때문이다. 그 덕분에 엄마는 요새 아침마다 민혜에게 감탄한다.

"이게 정말 우리 민혜 방이 맞니?"

아침마다 엄마의 칭찬을 들어서 민혜는 더욱 기분이 좋았다. 아파트를 나서니 형재가 기다리고 있었다. 불과 몇 주 전만 해도 눈을 흘기던 '악연'이었는데, 이제는 제일 친한 친구가 되었다.

"형재야! 형재~야!"

민혜가 갑자기 친근하게 부르자 형재는 경계 태세를 갖췄다.

"왜 또? 방 정리하자고?"

"아니거든! 내 방은 정리할 필요도 없이 반짝반짝 빛나거든."

민혜의 말에 형재는 키득 하며 웃었다.

아침에 교실에 도착하자마자 민혜가 제일 먼저 하는 일이 있다. 바로 편지함을 열어 이름이 적힌 친구에게 편지를 전해 주는 일이다. 정리정돈을 못하던 옛날이라면 이런 일은 꿈도 못 꿀 테지만, 이제는 진짜 우체부처럼 편지를 정리해서 아이들에게 빠짐없이 전달한다. 정리만 잘하면 그리 어려운 일도 아니다. 민혜가 학교를 일찍 오는 이유도 바로 편지를 배달하기 위해서다.

"자, 그럼 우체부 우민혜 님의 하루를 시작해 볼까?"

민혜는 편지들을 책상에 놓고 분류했다. 형재는 슬쩍 민혜의 책상 위를 보았다. 민혜는 인기가 많아서 하루에도 몇 통씩 편지가 왔다. 형재는 민혜에게 온 편지 봉투를 슬쩍 들춰 보았다. 그중에는 우은이가 보낸 편지도 있었다. 우은이의 이름을 발견하자 형재는 괜히 심통이 나서 우은이의 편지 봉투를 뒤집었다.

반 친구들에게 모두 한두 통의 편지가 배달되었다. 하지만 형재에게는 아무 편지도 배달되지 않았다. 형재는 민혜 말고는 친구가 없으니 당연하다는 생각이 들었지만, 아쉬운 마음이 드는 것은 어쩔 수 없었다.

'뭐, 상관없잖아. 책이나 읽자.'

형재는 마음을 가다듬기 위해 책을 펼쳤다. 하지만 글씨가 눈에 들어오지 않았다. 편지가 한 통도 없다니 자꾸 속상한 마음이 들었다. 그런데 그때 책 사이로 작은 봉투 하나가 들어왔다.

"안경잡이님! 편지 왔습니다."

형재가 고개를 드니 민혜가 씩 하며 웃고 있었다. 편지 봉투에는 '민혜가 형재에게'라고 쓰여 있었다. 활짝 웃는 민혜를 보니 형재의 가슴도 콩닥거리는 것 같았다.